19,80

Georg Wenzler

Das Arabische Vollblutpferd

Geschichte – Zucht – Haltung

Franckh'sche Verlagshandlung
Stuttgart

30 Fotos von Chmelik (4), Czerny (1), Dömken (1), Eutermoser (2), fotomagnus (1), Furrer (1), Dr. Gewalt (1), Dr. Gramatzki (1), Grimm (1), Haake (1), Holder (1), Archiv Marbach (3), McCracken (1), Reinhard (1), Sparagowski (1), Sting (1), van Vleet (1), Wallace Collection (1) und aus dem Archiv des Autors (6)
1 Aquarell von Carl-Heinz Dömken und 4 Zeichnungen von Ingo Koblischek (3) und Gisela Holstein (1)
Vorsatzfoto von Josef Ege

Umschlaggestaltung von Siegfried Fischer unter Verwendung eines Dias von Fritz Peyer. Es zeigt den Vollblutaraberhengst Farag von Morafic, geb. 1962. Züchter: El Zahraa, Besitzer: Georg Olms, Hildesheim.

Bild 1 (Frontispiz): Vollblutaraberstute Dawa von Karmin aus der Hamdi, geb. 1965. Züchter: Haupt- und Landgestüt Marbach, Besitzer: Paul Chmelik, Schondorf/Bayern.

CIP-Kurztitelaufnahme der Deutschen Bibliothek

Wenzler, Georg:
Das Arabische Vollblutpferd : Geschichte – Zucht – Haltung / Georg Wenzler. – 2. Aufl. –
Stuttgart : Franckh, 1984.
(Franckhs Reiterbibliothek)
ISBN 3-440-05257-5

2. Auflage / 7.–9. Tausend
Franckh'sche Verlagshandlung, W. Keller & Co., Stuttgart / 1984

Printed in Italy / Imprimé en Italie / L 9sp Hrr / ISBN 3-440-05257-5
Satz: G. Müller, Heilbronn
Reproduktion, Druck und Buchbinder: Grafiche Muzzio, Padua, Italien

Das Arabische Vollblutpferd

Vorwort

Schon einmal in der Geschichte ist der arabische Raum Schauplatz des Weltgeschehens gewesen: Damals im 7. Jahrhundert überrannten islamische Reiterheere die Alte Welt in einem unerhörten Siegeszug, stießen in die griechischen, römischen und christlichen Kulturzentren vor und drohten sie zu zerstören. Mit gewaltigem Schwung veränderten und beeinflußten sie für Jahrhunderte das politische Gesicht des Mittelmeerraumes.
Heute schauen die Völker der ganzen Erde wieder auf den alten Orient, von dessen Ölreichtum sie abhängig geworden sind. Wie einst die arabischen Pferde einen Umbruch auf politischer und kultureller Ebene eingeleitet haben, so wird durch das arabische Öl eine Entwicklung ausgelöst, deren Folgen nicht abzusehen sind. Die Weltmacht Öl entscheidet über Leben, Wohlstand, Fortschritt, aber auch über Armut und Hunger der Menschen. Dieser Rohstoff wird zum Schicksal der reichen Industrienationen und vielleicht noch mehr der armen Völker in den unterentwickelten Gebieten der Erde.
Heute machen arabische Pferdehufe keine Weltgeschichte mehr. Das Pferd kann gegen die vielen Pferdestärken eines Panzers nicht antreten, es ist keine Waffe mehr für den Krieg, aber es hat von seiner Anziehungskraft nichts eingebüßt. Eine Welle neuer Romantik und Sehnsucht nach den einfachen Dingen des Lebens, nach den unverbildeten Geschöpfen Allahs breitet sich aus. Die Menschen sind des reinen Zweckdenkens und der Technik müde. Der technische Fortschritt, das atomare Zeitalter, die Weltraumfahrt, die Automation haben uns zwar das Leben erleichtert, aber sie haben uns nicht glücklich gemacht. Uns drohen entscheidende Lebenswerte verlorenzugehen. Deshalb beflügelt der Araber, der »Trinker der Lüfte«, der aller Fesseln ledig in die Weite und Freiheit unberührter Räume galoppiert, unsere Phantasie.
Vielleicht schwingt auch die Furcht mit, die edlen Araber könnten aussterben, weil sich die Heimat dieser Pferde, die Wüste, der Einflüsse der westlichen Zivilisation nicht mehr erwehren kann. Der Beduine reitet nicht mehr, er lebt das bequeme Leben der Großstädter und sitzt am Steuer eines Mercedes. Sein Herz gehört nicht mehr den Pferden, sondern den Aktien. Das arabische Pferd aber ist ein Kind der Wüste, nur dort kann es leben. Wann die letzten Quellen des kostbaren Blutes für immer versiegen werden, ist nur eine Frage der Zeit.
Weitsichtige Menschen in den Kulturländern betrachten es als ihre Pflicht, das geschenkte Erbe für künftige Generationen zu bewahren und als Regenerator für die Warmblutpferderasse zu erhalten. Tatsächlich, und das ist paradox, hat es zu keiner

Zeit auf allen Kontinenten so viele arabische Pferde gegeben wie heute. Aber die Zuchtgesetze der Beduinen werden nicht beachtet, und der echte Araber ist in seiner Blutsreinheit gefährdet. Wichtig ist nicht die Erhaltung einer großen Anzahl von Individuen, sondern einer Elite mit reinem Blut, die den Namen Araber verdient.
Diese kleine Schrift kann keine umfassende Arbeit ersetzen, aber sie will einen Überblick über Bekanntes und Unbekanntes geben, vermischt mit den Erfahrungen eines langen Reiterlebens. Sie wird einige Probleme der Zucht aufzeigen und vor allem zum Nachdenken anregen.

Dr. Georg Wenzler

Der Araber, die älteste Pferderasse

Im Kreis der Pferdeleute werden die Züchter arabischer Pferde oft mitleidig belächelt als Individualisten und Schwärmer, die sich für »Schönheitspferde« ohne den Hintergrund von Leistungen begeistern. Viele meinen, Ziel und Trumpf der Pferdezüchtung sei heute der Crack, der alle Rekorde in Rennen, Springen, Dressur und im Gelände bricht, der sportlichen Ehrgeiz stillt und etwas einbringt. Gewiß, aber von dem Pferd, das dem Menschen Erholung und Freude schenkt, bleibt da nicht viel übrig.
Denen, die hier von Leistungen sprechen, muß entgegnet werden, daß der Araber in den letzten Jahrhunderten den lebenden Beweis für seine Leistungsfähigkeit in der Gestaltung des Warmbluts in der gesamten Welt erbracht hat und heute mehr denn je in dem direkt von ihm abstammenden Englischen Vollblut weiterwirkt.
Was hat eigentlich in den letzten beiden Jahrzehnten in Deutschland und in der Welt zum Aufschwung der Araberzucht beigetragen? Zweifellos seine natürliche Schönheit, Harmonie und Vollkommenheit sowie sein dem Menschen zugewandtes Wesen. Nicht nur romantische Gemüter, sondern auch sehr nüchtern denkende Menschen haben dem Araber ihre Liebe geschenkt, sie ließen sich von seiner Anmut, den hinreißend schönen Formen und seiner Vitalität begeistern. Viele Künstler sind zu unsterblichen Werken inspiriert worden! Die verhaltene, in sich ruhende Kraft, die ebenmäßigen Bewegungen, die leichtfüßige Dynamik, vor allem der in die Weite stürmende Galopp mit fliegender Mähne und hochgetragenem Schweif, die »Fahne des Propheten«, bezaubern jedes Auge. Pferdepoeten preisen den Araber als die Krone der Schöpfung.
Um kein Tier rankt sich von alters her soviel Romantik, und keines steht dem Menschen so nahe. Wo immer es erscheint, keimt der Wunsch nach seinem Besitz. An ihm erwuchsen Lebensfreundschaften, es verband Stämme und Völker und trennte sie wieder durch Neid und Haß, es stiftete Zwist, Hader, Verbrechen und Kriege.

Der Ursprung des arabischen Pferdes

Woher kommt dieses sagenumwobene Geschöpf? Wer hat es gezüchtet, und wo ist es entstanden? Wer ist sein genialer Schöpfer? Dafür gibt es nur eine Antwort: Es ist die Natur selbst! Die Entstehung des Arabers liegt in dunkler Vorzeit, und kein Wissenschaftler vermochte bis heute mit Sicherheit seine Herkunft zu ergründen. Kaum mehr ist bekannt, als daß seine Ahnen als Wildpferde in den Gebirgswüsten des zentralasiatischen Hochlandes beheimatet waren. Von dort ist es, vielleicht schon domestiziert, um etwa 2000 v. Chr. über Syrien und Nordarabien in die arabische Halbinsel eingewandert. Abgeschnitten von den eurasischen und afrikanischen Kontinenten entwickelte es sich in der Sackgasse der von drei Meeren umschlossenen arabischen Halbinsel zu dem heutigen Typus des arabischen Pferdes als eigene und älteste Pferderasse der Welt.

Bild 2. Die Wüste setzt sich aus den mannigfaltigsten Geländeformen zusammen. Fruchtbare Hochtäler wechseln mit unwirtlichen Felsengebirgen.

Bild 3. Der einzige Schutz gegen flimmernde Hitze und nächtliche Kälte für die ewig wandernden Beduinen bilden die »schwarzen Zelte«.

Gegen diese wissenschaftliche Lesart wenden sich bekannte Hippologen wie Seydel und Raswan, die jahrelang mit den Beduinen in der Wüste lebten. Sie können dieser Ansicht nicht zustimmen und glauben an eine eigene, bodenständige Stammform im südlichen Arabien. Schon um das Jahr 1000 v. Chr., sagen sie, benützten nomadische Völker im südlichen Teil der Halbinsel Pferde als Reittiere. Es bestand damals schon eine bedeutende Pferdekultur. Im Gegensatz dazu sollen die Völker in den benachbarten Ländern Mesopotamien, Persien und Syrien Pferde ordinären Typs und ohne Adel früher schon als Tragtiere, nie aber als Reitpferde verwendet haben. Für diese Deutung fehlen jedoch archäologische Funde, so daß die Forschung dazu neigt, die Vorfahren des arabischen Pferdes in Asien zu suchen.
Einerlei, woher die Stammform kam, es besteht kein Zweifel, daß die Wiege unseres Arabers in den gebirgigen Hochtälern Innerarabiens liegt. Er war Haus- und Reittier der dort lebenden Nomaden. Es wäre indessen falsch anzunehmen, das Aussehen jener Pferde decke sich völlig mit dem heutigen, d. h. mit dem Arabertypus, den wir als klas-

sisch ansehen. Der hat sich erst im Laufe langer Zeiträume entwickelt. In der Frühzeit bildete der Araber keine einheitliche Rasse, sondern war mehr oder weniger ein Wildpferd. Die Herkunft also allein erklärt noch keineswegs die Entstehung eines einheitlichen Rassetypus.

Erst die Wüste formte und stempelte den Araber zu einer Rasse. Es ist bekannt, daß nicht die fertigen, äußeren Eigenschaften auf die Nachkommen vererbt werden. Die Erbanlagen bestimmen lediglich einen weiten Rahmen, innerhalb dessen die Umwelt, das sind Klima, Nahrung, Krankheiten der Mutter u. a., Konkurrenz von Artgenossen, z. B. ein kräftiges oder schwächliches Tier entwickelt. Günstige Aufzucht- und Nahrungsverhältnisse erzeugen ein starkes Geschlecht, sie können aber auch vererbte Rachitis, schwache Knochenbildung oder krankmachende Anlagen überdecken. In der harten, kargen Wüste kann nur Starkes, Widerstandsfähiges überleben, während die kleinste Schwäche zum Untergang führt. Die erbarmungslose Wüste stellt für alle Lebewesen die denkbar härteste Zerreißprobe dar und kann ganze Familien und Stämme ausrotten. So wird im Laufe der Jahrhunderte das Starke vom Schwachen getrennt; jenes überlebt, dieses wird ausgelöscht. Außerdem verdichtet die fortlaufend wiederholte Anpaarung im gleichen Stamme die Anlage für Gesundheit, sie festigt und vervollkommnet die Pferde. So hat der Araber durch unerbittliche Naturauslese das bekommen, was wir an ihm bewundern: die Härte und Anspruchslosigkeit, aber auch die zweckmäßige Schönheit. Im milden Klima hätte er niemals so werden können!

Es verlockt, in kurzen Zügen die Lebensbedingungen in der Wüste nachzuzeichnen. Die Wüste ist nach allgemeiner Vorstellung eine unendlich eintönige Landschaft mit Steinfeldern und Sanddünen. Das Bild ist falsch. Wer die Wüste erlebt, ist von der Mannigfaltigkeit der Geländeformen überrascht. Es gibt 3000 Meter hohe Schrofen im Karstgebirge, begrünte Hochtäler mit nahrhafter Vegetation, steinige Hügellandschaften und Senken mit eingebetteten Oasen. Freilich sind die Gebiete, die für Pferde, Kamele, Schafe und Ziegen Futter liefern, verschwindend klein im Gegensatz zu den unendlich weiten Sand- und Steinwüsten, wo jeder Pflanzenwuchs fehlt. Gnadenlos scheint die Sonne Tag um Tag auf den ausgebrannten Sand, und heiße Wüstenwinde saugen den letzten Tropfen Feuchtigkeit auf. Nachts aber sinkt das Thermometer bei klarem Sternenhimmel unter den Gefrierpunkt. Wo Wasser ist, da ist auch Leben; wo es mangelt, lauert der sichere Tod. Selbst in der Regenzeit, wenn über Nacht eine üppige Vegetation aus dem Boden sprießt, können sich die Tiere nur kurz sattfressen. Allzubald wird die blumige Wüste braun, die Gräser verdorren, und der Hunger kehrt wieder.

Deshalb muß der Nomade wandern, um zu überleben. Ruhelos ziehen die archaisch geordneten Großfamilien mit ihren Herden auf alten Spuren dem erquickenden Wasser

Bild 4. In den Zelten leben Männer, Frauen, Kinder ebenso wie Pferde, Fohlen und Haustiere in enger Gemeinschaft. (Gemälde von Landseer »Arab Tent«, Wallace Collection, London)

und der Nahrung nach. Durch den heißen Sand und auf steinigen Pfaden, die über Hügel und Gebirgskämme führen, quälen sich Mensch und Vieh in der Hoffnung auf Nahrung. Mit der Jahreszeit stapfen sie von den kargen Sommerweiden im Süden in den fruchtbaren Norden, wo die Regenzeit den Tisch üppiger deckt und wo sich die abgemagerten Herden den Bauch wieder füllen können. Aber bald hat die Sonne die Erde auch hier ausgetrocknet, und es geht in umgekehrter Richtung wieder auf den von Gerippen gesäumten Wegen zurück.

Die arabische Halbinsel südlich der irakisch-jordanischen Grenze ist zwölfmal so groß wie die Bundesrepublik Deutschland. Dabei beträgt die Einwohnerzahl heute kaum mehr als ein Viertel der Einwohner unseres Staates.

Die Wüste gestattet nur ein karges Leben. Wie das Wild, lebt auch der Nomade von der

Jagd und, wenn es sein muß, vom Raub. Er ist stets zu Raubüberfällen bereit, wenn die Not ihn zwingt. In der Wüste gilt das Recht des Stärkeren, und die Ghazu, die Raubzüge, gelten als ehrenhaft. Im steten Kampf ums Überleben sind Mensch und Pferd aufeinander angewiesen. Das Pferd macht den Menschen unabhängig beim Erkunden von Wegen, Wasser und Weidegründen. Im Kampf tragen die gehorsamen Stuten ihren Reiter an den Feind heran und helfen ihm, ihn zu bezwingen, zu vertreiben oder ihn zu vernichten. Das Pferd bedeutet Beute, Schutz für Leben, Hab und Gut, bedeutet Freiheit, Bewährung, Sieg, zuweilen aber auch einfach Überleben. Pferde waren nicht Besitz, sondern Lebensgrundlage. Was Wunder, wenn die ewigen Wanderer es in die Familie einbezogen und in den Zelten mit den Kindern gleichrangig mit ihresgleichen hielten. Als Beduine wird man in eine Großfamilie hineingeboren, aber ein vollwertiger Mann wird man erst im Spiel mit Fohlen, Pferden und Waffen. So haben die Natur, das karge Leben, die Bedrohung durch äußere Gefahren Mensch und Pferd zu einer unlösbaren Lebenseinheit zusammengeschweißt. Ein Sklave war weniger wert als eine gute Stute, und das macht Geschichten verständlich, wie die jenes Araberjungen, der sich nicht von seinen Pferden trennen wollte und deshalb von Oberst Brudermann, der Pferde für den österreichischen Kaiser Franz Josef kaufte, nach dem weltberühmten Gestüt Bábolna mitgenommen wurde. Dort arbeitete er sich als Pferdebursche hoch, kam auf Geheiß des Kaisers auf die Kadettenschule und wurde später als General Fadlallah el Hedad lange Jahre bewährter Kommandant des ungarischen Staatsgestütes Bábolna.

Der Beduine als Pferdezüchter

Trotz der Symbiose zwischen Mensch und Pferd konnte in der Frühzeit von einer bewußten Zucht keine Rede sein. Es wurde das in die Herden aufgenommen, was die harte Natur nicht zugrundegehen ließ, und das war das Beste, Gesündeste und Widerstandsfähigste. Die Strapazen erhöhten fortschreitend die Leistungsfähigkeit und verbesserten sie.

Erst der Islam machte den Beduinen zum Züchter. Die arabische Halbinsel wurde im 7. Jahrhundert aus ihrem Dornröschenschlaf in den Mittelpunkt des Weltgeschehens gerissen. In Mekka war 570 n. Chr. ein Knabe geboren worden, der den Namen Mohammed bekam. Er wuchs heran, lebte als Hirte, Kameltreiber und Kaufmann und wurde nach einer Vision zum Religionsstifter und Gründer eines arabischen Weltreiches. Er war klug und erkannte die große Bedeutung des Pferdes für seine Welteroberungsträume. Der Prophet Mohammed liebte edle Pferde und verlieh ihnen religiöse Bedeutung. Es gab nur einen Gott, Allah, und seine Gunst schenkte er den Pferden. Er erklärte den mannhaften Reiter zum höchsten Ideal jedes Rechtgläubigen, der nicht nur für ein jenseitiges Gottesreich kämpfte, sondern auch für ein Paradies auf Erden, das Ruhm und Beute brachte. Wenn der Muslim ein Pferd so aufgezogen hatte, daß er damit in den Heiligen Krieg ziehen konnte, dann verhieß der Koran, die Bibel des Muslim, ihm reichen Lohn. Seine Schweißtropfen, die er für sein Pferd vergossen hatte, wurden aber auch seinen Tugenden zugewogen. Der Prophet sagte es noch deutlicher: Soviel Körner Gerste er seinem Pferde gebe, soviel Sünden würden ihm einst vergeben. Für den Zeitgenossen war des Propheten Lehre unkompliziert und einleuchtend. Die Religion einte Arabien; Islam und Staat sind bis heute eine untrennbare Einheit. Der islamische Glaube schuf ein religiös bedingtes Nationalgefühl. Für den Moslem bedeutet er eine umfassende Lebensordnung, in der er leben und sterben kann.

Auf diese Weise machte Mohammed aus seinen Arabern ein kämpferisches Reitervolk. Er hatte darüber hinaus auf seinen Karawanenreisen viele Erfahrungen gesammelt. Es entging ihm auch nicht, wie wenig die Liebe zu den Pferden in der breiten Masse der Araber entwickelt war. Er gebot: »Ich empfehle euch die Pflege der Stuten. Ihr Rücken ist ein Ehrenplatz, und ihr Leib birgt unerschöpfliche Schätze.« Er wußte um das Selbstgefühl der freien Beduinen, er kannte ihr Herrentum gegen die verachteten, seßhaften Araber. Ganz betont hob er ihr Stammesbewußtsein und gewann in ihnen eine Oberschicht, die einmal Führer seiner Reiterscharen werden sollte. Das schmeichelte

dem Stolz der freien Beduinen, sie fühlten sich als Allahs Kämpfer, die dem Pferde verpflichtet waren. Damit bereitete er die Grundlage für die später fanatisch vorwärtsstürmenden Reiterheere.
Der Prophet wurde auch in der Zucht ihr Lehrmeister. Bisher pflanzten sich die Herden durch Inzucht fort. Es war eine Ausnahme, wenn ein Beutehengst neues Blut in die Herde brachte. In der Regel stammte der Araber von Stuten, deren Qualität die Beduinen aus den Kämpfen kannten. Im übrigen sprach man von Hengsten ohnehin wenig, weil sie sich schon von weitem den Feinden durch lautes Wiehern verrieten und deshalb zum Kampf untauglich waren. So waren Hengste eine Belastung, und es wurden nur die besten und kräftigsten aufgezogen.
Löffler berichtet, daß der Hengst namenlos war und man sich durch umständliche Fragen an die Abstammung und an die Qualität herantasten mußte. Direkte Fragen wurden mit einem Kopfschütteln quittiert, während man über Stuten bereitwillig mit einem Wortschwall jede Auskunft erhielt.
Die frühen Völker schrieben dem Blut allgemein eine mythische Bedeutung zu. Es gab Blutsbrüderschaft und Blutrache! Das Blut verband auch die Großfamilie im Stammesverband, schon weil in der Wüste der einzelne nichts bedeutete. Vom Blut her rührte der natürliche Adel, und es wundert nicht, wenn die Beduinenstämme auf ihr Blut stolz waren. Vermischung mit nicht ebenbürtigem Blut wäre ihnen als Frevel, als Sünde wider das Blut erschienen. Einer Heirat innerhalb des Stammes, also zwischen oft engen Verwandten, haftete kein Makel an, sie war die Regel. Diese ungeschriebene Ordnung um die Reinheit des Blutes erhob Mohammed zu einem Gebot. In genialer Weise schuf er damit eine Blutaristokratie. Sie sollte sich nicht vermischen, sollte die Lehre rein erhalten und eine unabhängige, ungebundene Führerschicht bilden im großen Gottesreich aller Rechtgläubigen.
Diese Gesetze auf Geschöpfe anzuwenden, die dem Menschen nahestanden, war kein großer Schritt. Mit einem edlen, selbstgezogenen Pferd in den Heiligen Krieg zu ziehen, war ein Vorrecht der Edlen, Frommen, der Gesegneten Allahs. Asile, das heißt reine, wurzelechte Pferde, so predigte der Prophet, sind stärker, schneller, mutiger und treuer als mischblütige Bastarde. Ein Reiter auf dem Rücken eines edlen Pferdes stand unter dem Schutz Allahs und blieb von bösen Geistern verschont. Die Reinzucht war göttliches Gebot für die Pferdezucht durch die Jahrhunderte. Die besten Pferdezüchter und zugleich die treuesten Hüter des reinen Glaubens waren jene Stämme, die in Innerarabien die Reinzucht mit Fanatismus befolgten. Es waren die Nedschdi, die Wahabiten, die Harb, die Mutari und andere, die unberührt von der Außenwelt in der Tat die schönsten und leistungsfähigsten Pferde züchteten und besaßen.
Ähnlich wie in ihren eigenen Reihen führte das Reinheitsgebot zu einer mehr oder we-

niger engen Verwandtschaftszucht oder, im ganzen gesehen, zur Inzucht. Wir wissen, Inzucht vervielfacht die Erbanlagen, einerlei ob gute oder schlechte. Gute Anlagen werden verbessert, gefestigt, und ein Stamm wird erbsicherer. Minderwertige Anlagen indessen führen schnell zur Degeneration und zum Verderben. Seydel, ein Kenner Arabiens und seiner Pferde, schreibt: »Es ist aus dem Blutfanatismus der Beduinen zu erklären und war auch nicht zu umgehen, daß die stete Reinzucht von Inzucht begleitet worden ist... Inzucht und Selektion haben hier nicht nur die schlechten Anlagen aus der Erbmasse entfernt, ... sondern sie haben auch beinahe zur Inzuchtimmunität geführt. Ohne die Inzucht wäre der Vollblutaraber nicht das geworden, was er ist, ... sie hat zu einer Konsolidierung der Zucht geführt, wie sie in der ganzen Vollblutzucht einzig dastehend ist.«

Mehr als 1000 Jahre galt das Gesetz der Reinzucht. Noch bis zu den blutigen und grausamen Wahabitenkriegen Anfang des 19. Jahrhunderts, so berichten die Leiter der Ankaufskommissionen aus Europa, waren die edlen und grazilen Stuten, die Gazellen glichen, nicht für Gold zu erwerben. Und viele Europäer haben den Versuch, in diese inneren Gebiete vorzudringen, mit dem Leben bezahlt. Es kamen deshalb nur selten reinblütige Araber nach Europa, denn auf die großen Märkte in Aleppo und Bagdad kamen nur Araber zweifelhafter Abstammung – Orientalen genannt – aus den Randgebieten. Deshalb war auch der Anteil der Nieten so groß, wie die Zuchterfahrung zeigte. Es hätte aber auch wohl gar nichts genützt, denn die Europäer kannten die Reinzuchtgesetze der Beduinen nicht, und sie wären sicher auch über der damals geübten Kreuzungszucht zur Veredlung der Landschläge schnell vergessen worden.

Der Heilige Krieg des Islams

Die Saat Mohammeds ging auf, wuchs, reifte und drängte zur Ernte, zur Verwirklichung. Wie von einer inneren Macht getrieben, brachen die Reiterscharen auf und überfluteten alles, was sich ihnen entgegenstellte.
Der Prophet, der 632 gestorben war, erlebte nicht mehr, wie seine Glaubensjünger unter seinen Nachfolgern im Sturm nach Norden vordrangen und 635 Damaskus eroberten. Die Stadt wurde 661 Sitz eines Kalifen, der den Vorderen Orient militärisch und politisch beherrschte. Die arabischen Pferdehufe galoppierten unaufhaltsam weiter, ließen Damaskus hinter sich, und schon 637 war Jerusalem in der Hand der Moslems. Wie ein Orkan fegten sie alle Mächte hinweg und trugen die Botschaft Allahs weiter nach Persien und Mesopotamien. Wo nötig, verliehen sie ihrem Missionswerk Nachdruck mit Feuer und Schwert. Die unwirtlichen Gebirge Kleinasiens waren kein Hindernis für die harten arabischen Pferde, unaufhaltsam strebten sie dem oströmischen Byzanz entgegen. Aber erst 700 Jahre später – 1353 – setzten sie über die Dardanellen auf europäischen Boden über. Die Völker des Balkans und der Donauländer fürchteten die Reiterscharen schon seit der Belagerung Konstantinopels in den Jahren 674–678. Von Alexandria aus, das 641 gefallen war, eroberten Araber in ungebrochenem Schwung die afrikanische Nordküste mit Karthago und drangen 711 über die Meerenge von Gibraltar nach Spanien vor.
Die Araber waren kein Bauernvolk, das seine Herrschaft Stück um Stück erweitert, sondern ruhelose Nomaden, Wüstensöhne, die in das Unbekannte vorstießen, überraschend angriffen, mit schnellen Pferden verschwanden und überraschend wiederkehrten. Für ihre Pferde waren Gebirge, Wüsten, Flüsse und selbst Meerengen kein Hindernis. Sie vertrieben die kriegstüchtigen Westgoten, überstiegen die Pyrenäen und brachen im Süden Frankreichs ein. Erst im Herzen Frankreichs gelang es Karl Martell 732, ihren Siegeszug aufzuhalten. Europa atmete auf. Ihre Pferde waren noch nicht müde, aber die Niederlage bei Poitiers verkrafteten die Reiterscharen des Propheten nicht mehr, der Schwung ließ nach. Dennoch begründeten sie in Spanien ein mächtiges, blühendes, 800 Jahre dauerndes Reich des Islams. Sie zerstörten nicht mehr, sondern waren tolerant, herrschten und brachten Kultur aus dem Osten. Córdoba wurde Kalifenstadt, es entstanden herrliche Moscheen, märchenhafte Paläste, Marställe. Das Land erhielt maurisches Gepräge. Arabische Baukunst befruchtete allenthalben die Architektur. Hochentwickelte Wissenschaften belebten und erweckten ein neues Gei-

stesleben, Philosophie und Mathematik blühten. Ganze Landstriche wurden bewässert und kultiviert.
Die Pferdezucht in Spanien und vor allem in den südlichen Provinzen gewann durch die arabische Blutzufuhr ein neues Gesicht. Sie trug unverkennbar arabische Züge. Das trockene, heiße Andalusien brachte eine veredelte Rasse, die Ginetten, hervor, die bald in ganz Europa Aufsehen erregte. Die Herrscher des Abendlandes rissen sich um Pferde dieser Rasse, um ihre schweren, robusten, ungelenken Pferde zu veredeln. Späte Erben dieser Ginetten sind nicht nur die Neapolitaner in Italien, sondern auch die Lipizzaner Schimmel und die Kladruber Rappen in den Donauländern. Die Lipizzaner erlangten Bedeutung in der höfischen Reitkunst, die Kladruber als elegante Zugpferde vor den Kutschen des Habsburger Hofes. Darüber hinaus profitierten alle Pferdezuchten des Kontinentes von dieser Zucht. Keine andere Pferderasse hat je wieder eine solche Bedeutung erlangt wie die arabische.

Überlieferung und Poesie

Es wäre ein Wunder, wenn die großen Leistungen des arabischen Pferdes bei den phantasiebegabten Orientalen nicht in Legenden und in der Dichtung Ausdruck gefunden hätten. Wir erfahren von Salomos Pferden und den rettenden Stuten des Propheten, von Kalifen und Sultanen, die Pferde wie wertvolle Edelsteine sammelten und dafür unvorstellbare Summen zahlten, wie zum Beispiel El Malik en Nasr Ibn Kala'un (1293–1341), der 100000 Golddrachmen, etwa zwei Millionen Goldmark (eine Goldmark entspricht 0,358 g Feingold) für eine Stute ausgab. Doch sollte man solche Erzählungen nicht so ernst nehmen, sondern sich freuen, daß sie – schön erfunden – im Einerlei des Wüstenalltages Abwechslung boten. Die Stille der Nacht weckte das Bedürfnis, am wärmenden Feuer Erinnerungen auszutauschen an Ghazu, die Kriegs- und Beutezüge, an Not und Gefahr, an Siege, aber auch an die rettende Klugheit, die Schnelligkeit und die Hingabe der Pferde. Dann liegt es in der Luft, die eigene Abkunft und die der Pferde in einem verklärenden Licht zu sehen. Es klingt wunderbar, wenn der Vater seinen Söhnen und Enkeln von den Ahnen erzählt, die bis Salomo zurückreichen, und den Stammbaum von Fama, der Stute, bis zu Ismaels und Salomos Pferden zurückverfolgt. Es ist allemal ein Wunder dabei und hört sich so schön an.
Nehmen wir die Poesie um die Schöpfungsgeschichte des Pferdes:
Als Allah das Pferd schaffen wollte, sagte er zum Südwind: »Ich will aus dir ein Geschöpf schaffen zur Ehre meiner Heiligen, zur Erniedrigung meiner Feinde, aus Huld für die, so mir gehorchen.« Der Südwind sprach: »Erschaffe es, oh Herr!« Da nahm Gott vom Südwind eine Handvoll und schuf daraus das Pferd. Er sprach: »Dein Name sei arabisch, das Gute sei gebunden an deine Stirnhaare, die Beute an deinen Rücken; dir sei gegeben, den Unterhalt des Lebens zu erweitern; ich habe deinen Besitzer zu deinem Freunde gemacht; ich habe dich begünstigt vor allen anderen Lasttieren; ich habe dir Kraft zum Fliegen verliehen ohne Flügel, sei es im Angriff, sei es im Rückzuge. Ich will Männer auf deinen Rücken setzen, die mich preisen und loben und mir Halleluja singen.« Und als das Pferd mit seinen Füßen die Erde berührt hatte, sprach er: »Erniedrige durch dein Wiehern die Götzendiener, und fülle damit ihre Ohren, und fülle mit Schrecken ihre Herzen.« Und als Gott dem Adam alle Dinge gezeigt, die er erschaffen, sagte er: »Wähle dir von meinen Geschöpfen, was du willst«, und er erwählte das Pferd. Da sprach Gott der Herr: »Du hast deine Ehre erwählet und die Ehre deiner Kinder, eine für immer dauernde durch Aeonen und Aeonen.«

Dieses Geschöpf wurde zum Stammvater der Trinker der Lüfte und der Töchter des Windes.
Eine andere schöne Geschichte handelt von den »Al Khamsa«, das heißt von den »Fünf«. Der Prophet ließ hundert seiner Stuten nach tagelangem Dürsten an einem Wasserlauf frei. Noch ehe alle am Wasser waren, ließ er zum Aufbruch blasen. Nur fünf folgten seinem Ruf, ohne getrunken zu haben. Die fünf Stuten wurden die Begründerinnen der bedeutendsten Araberfamilien. Ähnliches wird von der Hedschra, der Flucht Mohammeds vor seinen Feinden von Mekka nach Medina im Jahre 622, berichtet. Nach tagelanger Verfolgung stürzten sich die dem Verdursten nahen Tiere auf eine Wasserstelle. Zu spät gewahrte Mohammeds Gefolge, daß sie in einen Hinterhalt geraten waren. Wiederum sollten Trompeten den Troß zum Aufbruch sammeln, aber nur die »berühmten Fünf« kamen sofort zurück, ohne zu trinken und retteten »dem Heiligen« das Leben. Sie, die die Namen Koheila, Saklawia, Hamdania, Hadba und Obeya trugen, segnete der Prophet, und ihre zahlreiche Nachkommenschaft gehörte zu den edelsten Zuchtstämmen, die große Verehrung und Wertschätzung genossen.
Als geschichtliche Tatsachen darf man diese Legenden und Mythen, so schön sie klingen, nicht verstehen, denn sie werden mit viel Beiwerk so und auch anders, mit wechselnden Namen und in anderer Anzahl immer wieder berichtet. Bezeichnend ist die immer wiederkehrende Beziehung auf die »Al Khamsa« des Propheten, die den Ursprung der Hauptstämme mit den echten, reinen Stuten bildeten.
Wir haben keine Unterlagen dafür, wann und wo diese Familien im einzelnen entstanden sind und ob die Hauptstämme überhaupt auf die Stuten des Propheten zurückgingen. Neben den edelsten Pferden des Hochlandes im Nedschd-Gebirge gab es bei den unterschiedlichen Daseinsbedingungen Familien, die Ähnlichkeit mit jenen hatten, sich jedoch in Schönheit, Güte oder sonstigen Merkmalen mit ihnen nicht messen konnten. Und es wird in den Randgebieten auf der riesigen arabischen Halbinsel bei den mannigfaltigen Klima-, Futter-, geographischen Verhältnissen auch Typen gegeben haben, die zu den »Kadischi«, den Unedlen, gehörten. Schon in früher Zeit wurden die besten, edelsten Pferdefamilien als Kohaylan bezeichnet. Doch erhielten hervorstechende Familien auch nach der Herkunft, nach gemeinsamen Merkmalen und oft auch nach bloßen Zufällen Namen.
So soll eine Stute ein Fohlen auf dem Berg Hadaba bekommen haben, was ihrer Nachkommenschaft den Namen Hadban eintrug. In einem anderen Falle zeichnete sich eine Familie durch lange Hälse aus, sie wurde Mu'niqi, langer Hals, genannt. Man kann sich vorstellen, daß Pferde mit langen Hälsen, ranker Körperform, langen Beinen und schmalem Rumpf gegen andere Pferde mit kurzen Formen und Linien abstachen. Bei wieder anderen kam der Zufall zu Hilfe, dort etwa, wo eine kriegsbewährte Stute nicht

nur einem, sondern gleich drei Kämpfern das Leben rettete. Im Laufe der Jahrhunderte gab es unzählige Unterfamilien, mehr als hundert an der Zahl. Manche Familie ist längst erloschen, andere sind neu entstanden, wer kann das überhaupt kontrollieren. Wie immer ist in jeder Legende ein geschichtlicher Kern verborgen. Ein Schleier, von üppiger, orientalischer Phantasie gewoben, breitet sich über die Genealogie der Araber, und unserer nüchternen Welt bleibt eine geheimnisumwitterte Romantik, an der sich heute noch viele Geister entzünden. Insgesamt deuten m. E. die Namen mehr auf die Herkunft als etwa auf die Unterschiede der einzelnen Familien und Stämme hin, die auch der Fachmann nicht mit Sicherheit unterscheiden kann.

Für den Leser drängt sich die Frage auf, warum sich die Namensgebung nach dem Mutterstamm richtet. Das ist eine Besonderheit der Araberzucht gegenüber anderen Pferdezuchten, wo man von Hengstblutlinien spricht. Die einleuchtendste Erklärung, warum Stuten bevorzugt werden, ist wohl, daß bei den Beduinen nur die Stuten im Kampf und bei der Ghazu eine Rolle spielten und den Fohlen das Leben schenkten. Der Hengst wurde kaum beachtet, er hatte keinen Namen und von ihm war selten mehr bekannt, als daß er aus der eigenen Herde stammte. Die Stuten dagegen, mit denen man täglich umging, erhielten persönliche Namen und hatten einen festen Platz in der Welt der Nomaden.

Auf diese Zuchtgrundsätze hat der islamische Glaube erhaltend und bewahrend über das Mittelalter bis in die Neuzeit hinein gewirkt. Darüber haben wir allerdings kaum Zeugnisse. Europäische Offiziere, Pferdeleute und Forschungsreisende kamen Anfang des 19. Jahrhunderts im Auftrag ihrer Landesherren, um Pferde zu kaufen. Sie kümmerten sich kaum um das Leben der Nomaden. Die Europäer brachten vorgefaßte Meinungen aus der Heimat mit und suchten die sagenhaften Pferde, von denen sie Kunde hatten aus den Eroberungskriegen der Araber in Spanien im 8. Jahrhundert, aus den Kreuzzügen im 12. und 13. Jahrhundert und den Türkeneinfällen im Abendland im 17./18. Jahrhundert. Die meisten klagten, daß sie auf ihren Reisen nur ganz selten guten Pferden und wenn, dann zufällig begegnet seien. Die arabischen Pferde, so berichteten sie enttäuscht, seien unansehnlich, unedel, von ordinärem Typus und mit allerlei Fundamentfehlern behaftet. Das konnte wohl nicht anders sein, denn diese Reisenden drangen nie in die besten Zuchtgebiete vor, und an deren Rändern war der strenge Blutfanatismus längst erlahmt.

Familien, Typen und der Deutsche Raswan

Von den arabischen Pferden wußte man in Europa eigentlich recht wenig. Es war kaum mehr, als daß sie die besten waren zur Veredelung der eigenen Landpferde, für Kavallerie und Heer. Für die Kreuzung genügten aber auch die oft mischblütigen Orientalen, die, obwohl sie nicht zu den besten Stämmen Innerarabiens zählten, dennoch eine hohe Durchschlagskraft hatten. Erst allmählich erweiterte sich das Wissen um den Wert der Abstammung, der Zuchtgrundsätze der Beduinen, der Reinzuchtgesetze und der Bedeutung des reinen Blutes, das die wertvollen Erbanlagen ungetrübt an die folgenden Generationen weitergab. Bis dahin war es selbst den kühnsten Europäern nicht gelungen, in die Hochzuchtgebiete in Innerarabien vorzudringen, um klassisches Blut für einige Reinzuchten in Europa zu kaufen. Auf den großen Märkten wurden genügend mischblütige Orientalen angeboten, denn in den Randgebieten Arabiens waren die Zuchtgesetze stark gelockert, teils vergessen oder als störend über Bord geworfen worden. Schon ab 1830 verdrängte das unedle Mischblut auf den Handelsmärkten den reinen, klassischen Araber Innerarabiens. Reisende aus anderen Erdteilen stellten den Niedergang zu Ende des 19. Jahrhunderts bestürzt fest.
Zu Beginn unseres Jahrhunderts bereiste der Deutsche Carl Schmidt Arabien auf der Suche nach Ismaels Pferden. Sieben Jahre lebte er mit den Beduinen in ihren Zelten, teilte mit ihnen das Nomaden-Leben in der Wüste und machte sogar Ghazu mit. Beim Tod eines arabischen Hengstes übernahm er dessen Namen »Raswan«. Als passionierter Araberfreund hoffte er, die echten »Trinker der Lüfte« zu finden. Aber er stieß fast nur auf Niedergang. Gewiß traf er auf Stämme mit edelsten Pferden, insgesamt mußte er aber manchen Abstrich an seinem Idealpferd machen. Ihn bedrückte das bedenkenlose Mischen von reinen mit minderwertigen und in der Abstammung gar nicht bekannten Blutfamilien.
Er nahm sich vor, gegen diesen Verfall leidenschaftlich zu kämpfen. Das Reine, Ursprüngliche, das da und dort noch vorhanden war, mußte erhalten werden. Er war realistisch genug zu erkennen, daß es keinen Zweck hatte, über die Herrlichkeit vergangener Zeit zu klagen. Den Versuch zur Rettung wollte er unternehmen!
Nach den Überlieferungen der Beduinen, ihren Kenntnissen und Erfahrungen, aber auch nach eigenen Beobachtungen entwarf er ein System, um die edlen Grundtypen von den verunreinigten Elementen unterscheiden zu können. Er stützte sich dabei auf äußerliche Körpermerkmale und knüpfte an die Tradition der Al Khamsa an, den fünf

Stuten des Propheten. Sein Verfahren gipfelte in einer Gliederung in drei Grundtypen, die von anderen Autoren als Stämme und in neuerer Zeit auch als Biotypen bezeichnet werden. Es sind:

1. Stamm der Kohaylan	edle Familien mit klassischem Arabertyp
2. Stamm der Saklawi	betont edler Arabertyp
3. Stamm der Mu'niqi	unedler, derber orientalischer Typ

Diese Stämme unterteilen sich in Familien und Unterfamilien. Kohaylan und Saklawi gelten als klassisch. In reiner Form sind diese Stämme selten zu finden, wohl aber in einer edlen Mischform, manchmal mehr dem Kohaylan, manchmal mehr dem Saklawi-Typ zuneigend. Diese Formen durften, so Raswans Beobachtung, nicht mit dem weniger edlen Mu'niqi angepaart werden, weil die Nachkommen ordinär und gewöhnlich wurden. Sie paßten mit ihren größeren und längeren Körperformen mit langen Gliedmaßen und schmalen, langen Köpfen nicht zu den harmonischen Formen der Kohaylan und Saklawi.

Raswan sah in dem Hervorheben des reinen Blutes aus dem Meer von Mischtypen einen Weg zum Aufbau einer reinen Zucht für die Zukunft. Seine Idee hat viel Unruhe und Aufregung in die Reihen der Araberzüchter in aller Welt gebracht. Ohne allgemeine Anerkennung gefunden zu haben, bewegt sie seit 50 Jahren die Gemüter.

Nach welchen Merkmalen unterscheidet Raswan nun die Stämme und Familien? Entscheidend sind das Exterieur, also die äußeren Körpermerkmale, und der Charakter. Nach alter Erfahrung beurteilten die Beduinen ihre Pferde nach Merkmalen des Kopfes, seines Ausdrucks, seiner Schönheit und seiner Form. Ein Hauptmerkmal bildete daneben eine muskulöse Hinterhand als Kriterium der Leistung. Raswan entlehnte die Ansicht der Beduinen und behauptete, an der Beschaffenheit des Kopfes die Zugehörigkeit zu einer der genannten Familien zu erkennen. Er gab vor, fremdes Blut verrate sich noch in der vierten und fünften Generation.

Für die *Kohaylan*-Familie ist die blaugraue Färbung der Haut an den Augenlidern und Maulpartien typisch. Sie gleicht der feuchtschwarzen Haut der Antilopen um Auge und Maul. Der Name ist abgeleitet von dem arabischen al-Kuhl, das ist ein antimonähnlicher Farbpuder, den die frühen Evastöchter zum Schminken ihrer Augenlider und zur Erhöhung ihrer Reize verwendeten.

Die Kohaylan zeichnen sich durch eine kräftige Gestalt aus. Sie haben eine breite und tiefe Brust. Die Hengste strahlen eine betonte Männlichkeit aus, und selbst Stuten haben einen Hauch von Kraft und Energie. Bei beiden Geschlechtern ist der Kopf markant, kurz, klein, aber feurig, lebhaft, mit breiter Stirn, gespitzten, einwärts gedrehten Mausohren und großen, ausdrucksvollen und stark hervortretenden Augen. Der Gehirnteil als Zeichen der Intelligenz ist auffallend groß und breit gegenüber dem kürze-

ren Schnauzenteil, der sich nach unten stark verjüngt (Gazellenkopf). Die Ohren sind an der Basis weit gestellt.
Ein Kennzeichen für edle Abstammung, das der Laie erkennen kann, ist die eingesattelte, konkave Profillinie des Nasenbeins. In Deutschland soll die Kopfsilhouette den sogenannten »Hechtkopf« zeigen. Das Auge soll dem menschlichen ähneln und groß und nach vorwärts gerichtet sein. Weit geöffnete, eckige Nüstern und ein weiter Kehlgang zwischen den Unterkieferästen soll freies Atmen zulassen.
Die zweite klassische Familie ist der *Saklawi*-Typ. Er besticht durch Adel, Schönheit und Harmonie. Der Körperbau ist eleganter, graziler und wirkt schon fast feminin. Seine Haut ist feiner, edler und geädert. Bei runden Formen ist der Saklawi, das Pferd des Nedschd, anspruchslos, leichtfuttrig, regenerationsfähig nach Strapazen. Sein Charakter ist mild, dennoch feurig, aus den Augen soll der Kämpfer sprechen. Nach Abbas Pascha, einem bedeutenden arabischen Züchter, sind die Gliedmaßen feiner und die Körperlinien etwas weicher als beim Kohaylan. Die Behauptung, seine Kruppe sei gerader, waagerechter mit hochgetragenem Schweif, ist umstritten. In der Leistung sollen beide Familien gleichwertig sein. Rein äußerlich spricht die Erscheinung des Saklawi mit dem edel gemeißelten Hechtkopf, den klaren Konturen, dem feinen, wohlproportionierten Hals den Araberfreund und vollends den Schönheitsfanatiker besonders an. Auch die ihm meistens eigene Schimmelfarbe unterstreicht seine edle Abkunft.
Der *Mu'niqi*, der dritte Stamm, hat für Raswan geringere Bedeutung. Ihm fehlt Charme und Adel. Raswan läßt ihn nur für die Zucht von Rennpferden gelten. In der Tat sollen die Englischen Vollblüter von ihm ihre Schnelligkeit geerbt haben. Ihre Gestalt ähnelt deshalb der Form der mit größerem Format ausgestatteten Galopprennpferde mit schmaler, wenig tiefer Brust, langem Hals und hagerem Körper. Sie sollen, Raswan zufolge, vor etwa 300 Jahren verunreinigt worden sein und deshalb zur Zucht edler Araber nicht mehr taugen.
Die Raswansche Typeneinteilung hat keine tieferen Einsichten gebracht. Zweifellos gibt es diese drei Typen, aber in reiner Form sind sie selten. Dagegen gibt es Mischungen in allen Nuancen. Bedeutende Hippologen lehnten sie ab, weil sie es, m.E. mit Recht, für unmöglich hielten, die verunreinigenden Elemente noch bis zur fünften Generation zu erkennen, wie Raswan es vorgab. Es wird in der Praxis bezweifelt, ob im Einzelfall überhaupt eine gerechte und vor allem stets wiederholbare Typenbestimmung möglich ist. Zugunsten dieser Theorie aber ist zu sagen, daß sie heute immer noch viel diskutiert wird und das Bewußtsein der Züchter für die Reinheit angeregt und gefördert hat.
Im züchterischen Sinn bringt die Typeneinteilung nichts, denn wir wissen, die Anpaarung von zwei erblich rein veranlagten Typen kann nur Reines bringen. Bei den Misch-

Bild 5.

I. Klassische Grundtypen des Vollblutarabers:

a) Kohaylan: Seine Merkmale sind männliche, kräftige, muskulöse Modelle; markante, ausdrucksvolle Köpfe; Typ der Leistungspferde mit Härte und Ausdauer.

b) Saklawi: Anmutige, sehr edle, harmonische Typen, mit eleganten, zuweilen runden, fein gegliederten Formen; anspruchslos und regenerationsfähig.

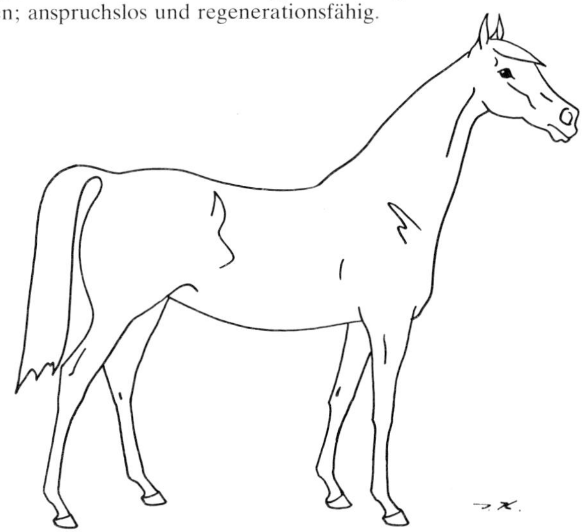

II. Orientalische Misch-Typen:

Mu'niqi: Schmale, große Pferde im Renntyp, mit langen und unedlen Formen.

typen indessen, wo das äußere Erscheinungsbild, also der Phänotyp, nicht mit den erblichen Anlagen, dem Genotyp, übereinstimmt, können zum Beispiel unerwünschte Mu'niqi-Eigenschaften sich herausspalten. In diesem Fall bleibt nur die langwierige Selektion übrig, um dem Wüstentyp wieder näherzukommen. Aber asil (zu deutsch: rein, echt, edel, unverfälscht) werden sie nicht mehr!
Insgesamt ist die Diskussion ruhiger geworden, aber das Problem der Reinheit und Ursprünglichkeit läßt die Züchter nicht ruhen. Züchter sind von Natur aus nicht leicht zufrieden. Ihr Streben richtet sich nach dem Besseren, dem Vollkommeneren. In der Hoffnung auf Fortschritt nehmen sie Mühe, Opfer und Risiko auf sich, denn sie möchten ihre Gedankenwelt in vollkommene Araber umprägen, und ich meine, es ist ein gutes Zeichen, wenn in der ganzen Welt ernste Araberzüchter sich Gedanken machen um das reine Erbe und damit jene Lügen strafen, die ihnen nur Schwärmerei, Spielerei und Illusion zutrauen. Wenn Raswan einerseits den Blick für den echten Araber geschärft hat, so gab es doch um die Begriffe Stämme, Familien, Unterfamilien und Typen viel Verwirrung. Die Unterfamilien sind nicht mehr überschaubar. Schon Raswan berichtet von 20 Stämmen und 240 Familien. Judith Forbis, die sich jahrelang der Araberzucht

im Nahen Orient gewidmet hat, zählt bei dem Hauptstamm der Kohaylan allein 129 Unterfamilien auf. Bei den Saklawi sind es 32, und die Mu'niqis haben 10 Unterfamilien. Die Hadban, die dem Unterstamm der Kohaylan zugezählt werden, haben selbst wieder 20 Unterfamilien.

Man könnte fortfahren, interessante, zum Teil auch wohlklingende arabische Namen zu nennen, aber sie äußerlich zu unterscheiden ist auch dem besten Hippologen nicht möglich. Es ist für den Araberliebhaber vielleicht reizvoll, Einblicke in eine fremde Welt zu tun, aber er sollte sich nicht allzusehr an Genealogien klammern, die europäische Logik nie ergründen kann. Orientalische Phantasie vermag Dichtung und Wahrheit fest zu verschmelzen. Wichtiger ist das vor ihm stehende Tier in seiner einmaligen Erscheinung, in seinem Typ. Die Beduinen haben ein Pferd zu der Familie der Mutter gezählt. Das genügte einst, weil die von der Umwelt weitgehend isolierten Herden im Stamme rein weitergezüchtet wurden. Die einfache und kaum verwechselbare Abstammung wurde mündlich weitergegeben. Bei der heutigen Verflechtung und Vielfalt der Zucht ist das bei den Beduinen nicht bekannte, von den Europäern eingeführte Pedigree zum Mittel neuer Betrachtungsweisen geworden. Es klafft da ein Widerspruch zwischen äußerer Typenzugehörigkeit und der Herkunft der Blutströme beim einzelnen Tier.

Das europäische Denken sucht die Zusammenhänge, und wir Deutschen nehmen es besonders genau. In dem übersichtlichen Pedigree treten nicht nur die mütterlichen Ahnen in Erscheinung, sondern alle, also in der ersten Generation zwei, in der zweiten Generation vier, nämlich zwei Großväter und zwei Großmütter; in der dritten sind es schon acht und so fort. Am Beispiel des Abstammungsnachweises des Hengstes Hadban Enzahi (Marbach) läßt sich das leicht darstellen (siehe gegenüberliegende Seite).

Man sieht sofort: Hadban ist als Sohn der Kamla dem Stamm Hadban Enzahi, also den Kohaylan zugehörig, wie die Großmutter Samha und die Urgroßmutter Bint Samiha oder die hier nicht verzeichnete Ur-Urgroßmutter Bint Hadba el Shagira aus dem Enzahi-Stamm.

Die übrigen acht Ahnen der dritten Generation entstammen:

dem Hadban Enzahi-Stamm:	drei Ahnen (Samiha, Bayad, Bint Samiha)
dem Kohaylan-Stamm:	drei Ahnen (Nafaa el Shagira, Kazmeen, Mansour)
dem Saklawi-Stamm:	ein Ahne (Gamil Manial)
dem Dahman Shawan-Stamm:	ein Ahne (Bint Sabah)

Faßt man die Hadban Enzahi und die Dahman Shawan als Unterfamilie des Hauptstammes Kohaylan zusammen, so wäre Hadban mit sieben Kohaylan-Ahnen und nur einem Saklawi einwandfrei als Kohaylan gezeichnet.

Geht man eine Generation weiter zurück, so werden mit 30 Ahnen die Verhältnisse nicht übersichtlicher. Die Zugehörigkeit stellt sich wie folgt:

<table>
<tr><td rowspan="8">Camel
später
Hadban Enzahi Or. Ar.
Schimmel
geb. 15. 8. 1952
Familie
Hadban Enzahi</td><td rowspan="4">Nazeer
1934
Schimmel
Familie
Hadban Enzahi</td><td rowspan="2">Mansour
1921
Schimmel
Familie
Kohaylan Nowak</td><td>Gamil Manial
Fam. Saklawi Gidran</td></tr>
<tr><td>Nafaa el Shagira
Fam. Kohaylan Nowak</td></tr>
<tr><td rowspan="2">Bint Samiha
1925
Braun
Familie
Hadban Enzahi</td><td>Kazmeen
Fam. Kohaylan Jellabi</td></tr>
<tr><td>Samiha
Fam. Hadban Enzahi</td></tr>
<tr><td rowspan="4">Kamla
1942
Schimmel
Familie
Hadban Enzahi</td><td rowspan="2">Sheik el Arab
1933
Schimmel
Familie
Dahman Shawan</td><td>Mansour
Fam. Kohaylan Nowak</td></tr>
<tr><td>Bint Sabah
Fam. Dahman Shawan</td></tr>
<tr><td rowspan="2">Samha
1931
Schimmel
Familie
Hadban Enzahi</td><td>Bayad
Fam. Hadban Enzahi</td></tr>
<tr><td>Bint Samiha
Fam. Hadban Enzahi</td></tr>
</table>

Hadban-Familie:	11 Ahnen
Kohaylan-Familie:	10 Ahnen
Dahman-Familie:	4 Ahnen
Hamdani-Familie:	1 Ahne
Saklawi-Familie:	4 Ahnen

Das Verhältnis von elf Hadban Enzahi-Ahnen zu 19 anderen besagt ohnehin nichts, und faßt man wie oben die Unterfamilien sinngemäß zusammen, dann wäre Hadban

Bild 6. Hengst Hadban Enzahi, geb. 1952, der Typ des kräftigen, männlichen Vollblutarabers. Gemeißelter, trockener Kopf; großes, nach vorne gerichtetes Auge; breite Stirn; kleine, einwärts gedrehte Mausohren; kleiner Schnauzenteil (siehe auch Bild 12, S. 41).

Enzahi mit 26 Kohaylan-Angehörigen und nur vier Saklawi-Typen unverwechselbar ein Kohaylan. Ginge man noch weiter zurück, so änderte sich nichts Grundsätzliches, allenfalls könnte irgendwo ein Mu'niqi auftauchen. Diese Feststellungen verlieren an Wert, weil in der Praxis Unterscheidungen zwischen den Erscheinungstypen nicht möglich sind. Es scheint zumindest, daß die vielen Unterfamilien, von denen man weder die Entstehung kennt noch eine Begründung weiß, Ballast darstellen.

Gehen wir noch kurz der Frage nach, ob Hadban Enzahi eindeutig ein Kohaylan-Typ war, der auf den ersten Blick und auch nach sorgfältiger Prüfung nicht anders eingestuft werden konnte. Das ist nicht der Fall. Er war ein prächtiger, harmonischer, edler Hengst, aber die besten Experten hätten ihn ebenso als Kohaylan wie als markanten Saklawi bezeichnen können. Daß er ein Hadban Enzahi-Vertreter war, hätte niemand erraten. Ich habe spaßeshalber bei einem Besuch von Fachleuten aus dem Orient die Quizfrage nach seiner Familienzugehörigkeit gestellt. Alle Experten gaben unumwunden zu, Unterschiede weder hier noch in der Heimat feststellen zu können. Das war sehr beruhigend für mich, weil ich mich jahrelang einer solchen Aufgabe trotz eifrigen Studiums nicht gewachsen gefühlt hatte.

Das läßt den Schluß zu, daß die Zuchtwahl bei den Ahnen nicht nach der Familie erfolgte, sondern Güte, Leistung, Harmonie, Reinheit des Typs, kurz der Zuchtwert ausschlaggebend war. Bei seinem Kauf im Jahre 1955 habe ich ihn nicht nur nach seinem Äußeren, seinem Wesen und Charakter ausgewählt, sondern nach seinen Ahnen, die durch Erfolge bekannt waren und gehäuft in den Pedigrees bedeutender Hengste und Stuten auftraten. Weil er das Erbgut der besten Ahnen in sich vereinigte, konnte er sich in der Welt durch eine hervorragende Nachkommenschaft einen Namen machen!

Bei allem Widersprüchlichen hat Raswan erkannt, daß es in dem Meer der Mischblütigkeit nur den Weg der Sammlung und des Schutzes zur Erhaltung des Wüstenblutes gibt. Dazu hat er einen Katalog – den »Raswan-Index« –, in den USA »Blue Star-Catalog« genannt, aufgestellt, der die asilen, auf Wüstenabstammung zurückgehenden, reinen Familien umfaßt. Eine darauf gegründete Elitezucht könnte und müßte künftig als Blutsquell für die übrigen Zuchten dienen, denn reißt die Geschlechterkette einmal ab oder wird sie mit zweifelhaftem Erbgut verunreinigt, dann ist der echte Vollblutaraber endgültig verloren. Das kann in naher Zeit geschehen. Es ist vorauszusehen, daß die Urheimat des Arabers ein Opfer der Zivilisation und der Flucht in das leichtere Leben der Städte wird. Ohne Wüste, ohne Nomaden wird es keine Araberpferde und keine Ghazu mehr geben. Mit Stolz wird der Zügel mit dem Steuer des Mercedes vertauscht. Wenn die Kulturvölker nicht durch Vernunft und Verantwortung neue Wege zur Erhaltung finden, dann wird die Menschheit um ein Geschöpf ärmer, das ihr in Jahrtausenden soviel Freude geschenkt hat.

Der Einfluß der Raswan-Lehren

Raswan rundete 1966 kurz vor seinem Tode sein umfangreiches Schrifttum über das arabische Pferd mit dem letzten Band seines Standardwerkes »The Raswan Index« ab. Seine Ideen, oft totgesagt, belächelt und geschmäht, haben an Durchschlagskraft verloren. Sie sind aber lebendig geblieben und greifen langsam aber stetig um sich. Gegner und Verfechter stehen sich gegenüber.
Das fast inflationäre Anwachsen des Araberbestandes in aller Welt und der sich sättigende Markt haben in den letzten Jahren die Diskussion neu entfacht und die Frage aufgeworfen, ob das allgemeine Laissez-faire in den nationalen Araberzuchten mit einer Vermehrung ohne gleichzeitige Verbesserung der Qualität richtig ist. Von den Hippologen wird vereinzelt die Frage gestellt, ob der heutige Durchschnittsaraber noch jene Durchschlagskraft besitzt, die ihn befähigte, im 18. Jahrhundert die Landrassen zu Reitpferden zu veredeln und zu formen. Die Meinungen gehen auseinander. Eine Beantwortung ist unerheblich, weil sich die Geschichte nicht wiederholt.
Wichtiger sind die sich mehrenden Ansichten ernster Züchter mit der Forderung nach strengeren Auslesemethoden, um der Verflachung in der Zucht entgegenzuwirken. Andererseits spricht aus dem starken Bemühen um Importe reiner Araber aus Ägypten ein gewisses Unbehagen an der Durchschnittsqualität in unserem Lande. Leider waren viele Importe kein Gewinn, weil sie nicht besser waren als die heimischen Pferde.
An der Spitze der Importe steht Amerika, das sich seit 1957 nach J. Forbis mit etwa 200 Pferden, teils der besten Qualität, bereichert hat. Allein die führende Gleannlochfarm von Douglas Marshall hat von 1952 bis 1972 63 ausgesuchte Zuchtaraber aus El Zahraa für ihre auf ägyptischer Grundlage aufgebaute Reinzucht bezogen. Aber auch England, Deutschland, Polen und Ungarn, die schon in der zweiten Hälfte des 19. Jahrhunderts ihre Zuchten auf ägyptischen Pferden aufgebaut hatten, erinnerten sich in den letzten Jahrzehnten und griffen auf ägyptisches Zuchtmaterial zurück. Denkt man weiter an das große Anwachsen der Araberzuchten in Rußland, Holland, Australien, Südafrika und anderen Ländern unter Verwendung von Hengsten aus dem Lande am Nil, so muß man feststellen, daß die Idee der Reinzucht im Sinne Raswans Schritte nach vorn getan und einen, wenn auch kleinen, aber doch deutlich sichtbaren Aufbruch zum reinen Araber hin gebracht hat.
Ein sehr bedeutender Züchter aus den USA schreibt mir: »The trend in America is definitely towards the Egyptian breeding.« (Der Trend in Amerika geht deutlich in Rich-

tung ägyptischer Zucht.) Natürlich kann die Nachfrage an reinen, guten Pferden aus Ägypten nicht gedeckt werden. Die Erfolge auf Schauen und Prämiierungen mit diesen Importen haben die Nachfrage aufgebläht. Für die USA, aber auch für andere Länder und besonders für Deutschland trifft das zu. Nach der Pferdeschau in Hamburg (1978) stellte O. Sänger fest: »Bei rückschauender Betrachtung der Prämiierungsergebnisse ergibt sich die Folgerung, daß die Vollblutaraber ägyptischer Blutführung sich mehr und mehr als integrierendes Element in der gesamten Vollblutaraberzucht bewähren.« Dem ist nichts hinzuzufügen. Auf die von mir gemachten Erfahrungen in Marbach werde ich noch zurückkommen.

Um Mißverständnissen vorzubeugen: Diese Zeilen sind nicht geschrieben worden, um für die Einfuhr von Pferden zu werben und andere nationale und bodenständig gewordene Linien abzuwerten oder sie zu diffamieren oder auch nur zu kritisieren. Gewiß nicht, aber es sollen Tendenzen aufgezeigt werden, die zum Nachdenken anregen und vielleicht auch hier und dort Maßstäbe ändern können, damit der deutschen Araberzucht früh genug ein Platz im Konzert der nationalen Zuchten gesichert wird. Auf den Grundlagen der deutschen Araberzucht wäre das durchaus möglich.

In den USA, wo sich der Löwenanteil des Araberbestandes der Welt befindet (1978 waren es 140000 Araber), hat die Idee einer strengen Auslese nach Reinheit des Blutes eine Minderheit begeisterter Züchter in einer Gemeinschaft zusammengeführt. In der »Pyramid Society«, gegr. 1969, ist ein Kern von Züchtern mit asilen, auf Wüstenstämme zurückgehenden Arabern sehr aktiv. Ihr Zuchtprogramm baut auf dem Reinzuchtprogramm auf. In Deutschland gab es bis vor etwa einem Jahrzehnt nur ein gutes halbes Dutzend asilblütiger Araber. Seither ist die Zahl überraschend stark durch Einfuhren gestiegen. Weitsichtige und ernsthafte Züchter sehen ihr Anliegen in der Förderung und Erhaltung der Reinzucht. Sie haben sich im »Asilclub« zu aktiver Arbeit zusammengeschlossen. (Der Internationale Asilclub hat 1979 allein in Deutschland einen Bestand von 52 Hengsten und 113 Stuten, ohne den Nachwuchs ab Jahrgang 1977, gezählt. Hinzu kommt noch eine erhebliche Anzahl aus Belgien, England, Holland, der Schweiz und Südafrika sowie Luxemburg.) Nach den selbstgegebenen Richtlinien ist das Zuchtziel wie folgt festgelegt:

»Ein Asilaraber ist ein Pferd, dessen Abstammung ausschließlich auf die Beduinen zurückgeht, ohne nachgewiesene Einkreuzung nichtarabischer Pferde. (Asil, zu deutsch rein, echt, edel, unverfälscht.)«

»Der Club verpflichtet seine Mitglieder zur Reinzucht. Er lehnt es ab, plötzlichen Modeströmungen nachgehend, einen Kult um Schönheit und Charme zu pflegen und das Pferd lediglich zum Schauobjekt zu machen. Der Araber ist vor allem ein bestes Gebrauchspferd für Sport und Erholung, denn der echte Araber ist ein Leistungspferd, oder er wird degenerieren. Er bedarf daher steter Leistungsprüfungen und einer scharfen Selektion. Es gilt, dem Urbild des Arabers nachzustreben und seinen trockenen, edlen Typ, seine angeborene Leistungsfähigkeit, aber auch seine Anspruchslosigkeit zu erhalten.«

Der Internationale Asilclub will den Araber mit Sorgfalt bewahren, um eine Blutreserve für zukünftige Zuchtplanungen zu schaffen, besonders angesichts der Gefahr des Versiegens des Blutquells im Orient.

Natürlich gibt es in Europa wie in Amerika entschiedene Gegner, die den Asilaraber als Illusion ansehen. Sie lehnen es ab, einer kleinen Minderheit zu folgen, weil sie sich auch in ihren Zuchtbemühungen diskreditiert fühlen. Wie dem auch sei, der Streit wird so schnell nicht entschieden. Aber er hat das Gute an sich, daß er zum Nachdenken anregt und allein deshalb schon eine Berechtigung hat.

Bild 7. Ansata Ibn Halima, einer der besten Zucht-Hengste in den USA. Sein Vater Nazeer aus dem ägyptischen Gestüt El Zahraa (s. S. 84) hat die Vollblutaraberzucht der ganzen Welt in den letzten Jahrzehnten positiv beeinflußt. Seine Mutter Halima, geb. 1944, gehört zu den erfolgreichsten Stutenlinien in Ägypten. Besitzer: Judith Forbis, Ansata Arabian Stud, Lufkin/Texas.

Typ und Gebäude des Vollblutarabers

Man könnte die Überschrift auch ändern in die Frage, wie soll ein Araber aussehen? Es ist nicht möglich, im Rahmen dieser Schrift eine umfassende Anleitung zu geben. Es gibt einschlägige Werke genug, so daß diese Ausführungen sich darauf beschränken können, zu sagen, welche Eigenschaften der Araber haben darf und welche nicht. Ein gewisses Grundwissen kann und muß sich der Anfänger aus Anleitungen aneignen. Er erfährt dabei, wie ein gut gebautes Pferd in seinen Einzelheiten, in seinen Gliedmaßen, Gelenken, Hufen usw. beschaffen sein muß. Harmonische, in den Einzelpartien gut aufeinander abgestimmte und voll entwickelte Formen und Gliedmaßen sind die Grundvoraussetzung, um die schwere Beanspruchung im Gebrauch ohne Schaden durchzustehen. Das Grundwissen muß aber durch stete, beharrliche Beobachtung und

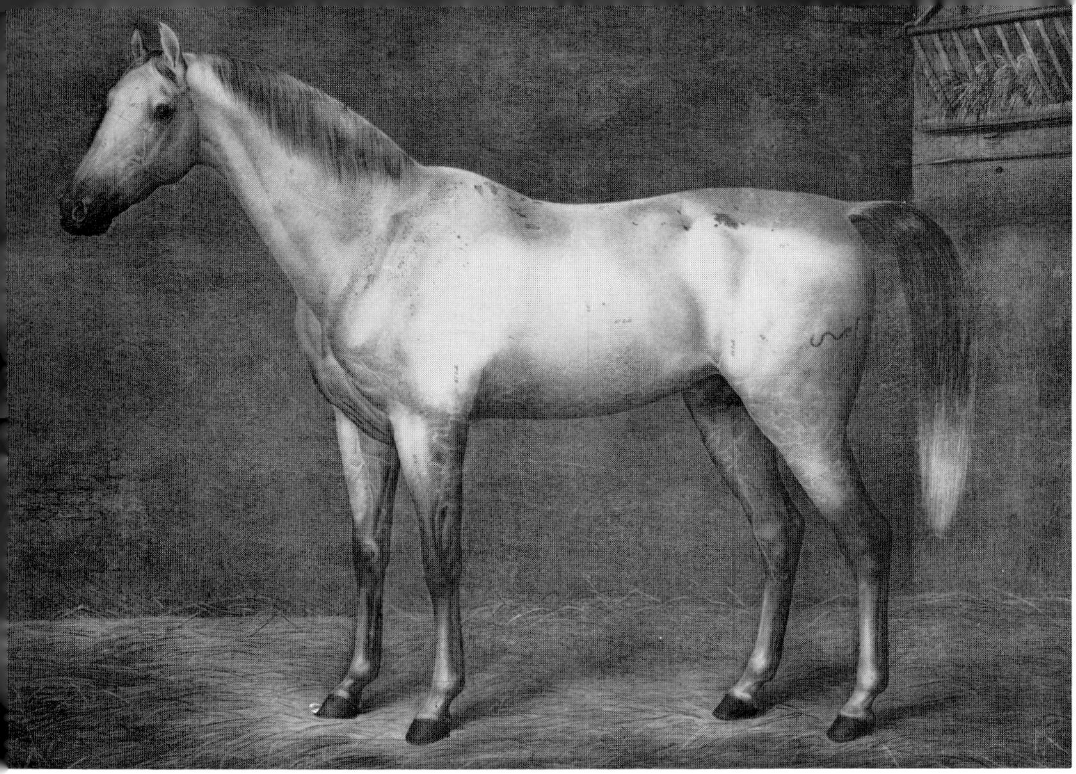

Bild 8. Gewöhnlicher, unedler Orientale. Pferde dieser Qualität wurden zu Beginn des 19. Jahrhunderts von Pferdehändlern zu teuren Preisen nach Europa eingeführt. Sie bewährten sich zur Veredlung der damals unansehnlichen Landpferde zu einem harten Militärpferd. Für die Zucht von Vollblutarabern sind solche Typen nicht zu gebrauchen.

Übung geschult werden. Nur durch den Vergleich des ganzen Pferdes oder einzelner Körperteile bei Einzelbeurteilungen, Schauen, Körungen oder Prämiierungen gewinnt der Anfänger Sicherheit und Selbstvertrauen. Es gilt, den Blick für das Wesentliche zu schärfen, das Gefühl für Harmonie und den Sinn für Proportionen zu entwickeln. Das kann Jahre in Anspruch nehmen.

Der Anfänger muß sich als erstes im Geiste ein Idealbild des Vollblutarabers zurechtlegen und es sich einprägen. Dann kann er sein eigenes Idealbild mit seinem geistigen Auge auf das vor ihm stehende Pferd projizieren, Abweichungen feststellen und sich überlegen, ob sich die gefundenen Unterschiede erheblich oder gering von seinem Leitbild abheben. Er muß auch prüfen, welche Auswirkungen auf die Leistungsfähigkeit zu erwarten sind.

Es ist jedoch ganz entschieden davor zu warnen, geflissentlich Fehler zu suchen, wie es oft geschieht, wenn mehrere Betrachter sich in Pferdekenntnis überbieten wollen. Ich warne vor allen Dilettanten, die gleichzeitig durch viele Worte und Oberflächlichkeit glänzen. Wichtig allein ist der Gesamteindruck, den man von einem Tier bekommt. Fehlersucher, die geradewegs darauflosgehen, ein Pferd in einzelne Körperteile zu zerlegen, und dann in einer Liste »gravierende« Fehler ankreuzen und addieren, werden einem hochentwickelten Pferd nie gerecht. Es ist etwa das gleiche, wie wenn man einem fremden Menschen gegenübersteht. Man läßt seine Person auf sich wirken, nimmt instinktiv sein gesamtes Verhalten, seine Gesten, Bewegungen und Reaktionen in sich auf und empfindet Sympathie oder Abneigung. Man fragt nicht danach, ob er zum Beispiel zu lange Arme hat oder ob der Hals zu dick ist, und selbst Teint und Haarfarbe stören nicht die Gesamterscheinung. Einzelheiten interessieren hier so wenig wie bei einem Pferde. Die gute Gesamtqualität wird nicht durch einzelne, vielleicht sogar vermeintliche Fehler entschieden; vielmehr kann ein überzeugender Eindruck und die persönliche Ausstrahlung viele Fehler belanglos machen. Und im übrigen – Menschen und Pferde ohne Mängel gibt es nicht!
Obwohl die Beurteilung eine Kunst sein kann, braucht der Anfänger nicht mutlos zu werden. Pferde- und Tierfreunde, so konnte ich immer wieder feststellen, haben »ein gutes Auge«, sie haben Geschmack und Gefühl und einen natürlichen Sinn für Formen und Harmonie. Sie gehen nur selten ganz fehl, wenn sie auf ihr Gefühl vertrauen. Das enthebt sie natürlich nicht der Mühe, ihre Ergebnisse immer wieder mit denen eines bewährten Pferdekenners zu vergleichen. Mit etwas angeborenem Gefühl lernt der Anfänger schnell die Grundzüge kennen, auf die es ankommt.
Es soll hier nicht, wie anderwärts, ein Fehlerkatalog aufgestellt werden, etwa über Stellungsfehler der Gliedmaßen. Dazu stehen Bücher mit entsprechenden Bildern und Zeichnungen zur Verfügung. Hier geht es mehr um die Grundzüge.
Für die Beurteilung ist entscheidend:

1. der Rassetyp
2. der Zucht- und Geschlechtstyp
3. das Gangvermögen.

Zur Erklärung dieser in der Pferdezucht viel gebrauchten Begriffe müssen wir etwas ausholen. Der Begriff »Typ« schlechthin ist ein Begriff des Praktikers. Das sollte er m. E. bleiben; alle Versuche, ihn in wissenschaftliche Definitionen zu zwängen, bleiben unvollkommen. Ich halte die allgemein auf Nutztiere bezogene Umschreibung von Prof. Dr. Witt für die beste. Er sagt: »Typ ist eine Wertung der Form in bezug auf die im Zuchtziel angestrebten Nutzleistungen.«
Da erhebt sich natürlich die Frage, welche Nutzleistung vom Araber erwartet wird. An

Bild 9. Vollblutaraberhengst Bairactar. Das Idol der Araberzüchter der ganzen Welt. Bairactar, von König Wilhelm I. von Württemberg für sein Privatgestüt in Weil erworben, hat dessen Ruf als bestes Arabergestüt in ganz Europa im 19. Jahrhundert begründet.

erster Stelle steht eine gute Reiteignung, allerdings nicht im Sinne spezialisierter sportlicher Hochleistung! Der Araber ist schon seit Urzeiten ein gutes Reitpferd. Das Zuchtziel ist demnach zeitlos und identisch mit dem von der Wüste geformten Araber, in dem Gesundheit, Leistung, Schönheit und zweckgerechte Funktionen vereinigt sind. In ihm sind auch innere Eigenschaften, Anpassungsbereitschaft, Geist und erbliche Durchschlagskraft wie in keiner anderen Pferderasse vereinigt. Form und Leistung sind im Laufe langer Zeiten zu einem Guß zusammengeschmolzen. Er ist der Rassetyp, den wir anstreben.
Wie aber hat das Wüstenpferd früherer Jahrhunderte ausgesehen? Hat es sich geän-

dert? Nein, es brauchte sich – rein gezogen – bis heute nicht zu ändern. Deshalb ist die Typfrage wichtiger als alle anderen züchterischen Erwägungen und Detailfragen. Kein Land kann sich rühmen, nur beste Araber zu besitzen. Reine Araber gibt es zwar, aber sie sind in Einzelexemplaren über die ganze Welt zerstreut. Ein Abbild davon haben wir in zahlreichen Stichen und Bildern aus der Zeit des frühen 19. Jahrunderts, an denen wir uns orientieren können. Sie zeigen, daß der Vollblutaraber der Wüste auch heute noch keine Fata Morgana ist, sondern Wirklichkeit. Nach diesen Vorbildern muß unser Ziel, unser Standard, ausgerichtet sein. Als Beispiel hierfür sollen die klassischen Stiche von Bairactar, seinem Sohne Amurath 1829 und der Stute Koheil Aguse (Bild 9–11) genannt werden. Diese Pferde wurden von hervorragenden Experten im Orient für das Königliche Hofgestüt Weil des Königs Wilhelm I. von Württemberg eingekauft und haben noch heute Nachkommen im Gestüt Marbach a. d. Lauter. Sie haben in der Verbesserung der europäischen Landespferdezuchten einmalige Leistungen erbracht und europäischen Ruf erlangt. Dieser Typ ist nicht ein von Künstlern ersonnenes Kli-

Bild 10. Unter vielen hervorragenden Nachkommen Bairactars ist der 1829 in Weil geborene Vollblutaraber Amurath der beste. Seine Schönheit, seine Harmonie und auch seine züchterischen Leistungen sind bisher unerreicht. Seinem Wirken verdankte das königliche Gestüt Weil über 50 Jahre hinweg seine glanzvollen Erfolge.

Bild 11. Stute Koheil Aguse, 1852 aus Ägypten nach Weil importiert. Der Prototyp einer Araberstute im Wüstentyp. Das vollendete mütterliche Gepräge, die unbeschreibliche Schönheit der Formen, der kraftvolle Adel der Bewegung scheinen zeitlos.

schee, sondern steht für Pferde aus der Vielfalt der damals vorhandenen Stämme und Familien.

Der Rassetyp ist bei Hengsten und Stuten nach dem Geschlecht verschieden ausgeprägt. Nach alter Züchtererfahrung sind nur Hengste und Stuten, die Geschlechtscharakter tragen, gute Vererber. Hat man also einen muskulös gebauten, in Kopf, Auge und Gebärden männlichen Hengst vor sich, so kann man ihm auch in der Vererbung etwas zutrauen. Solche Hengste fallen auf, »sie stehen wie ein Denkmal«, ruhig und selbstbewußt, schauen souverän in die Weite und ruhen in sich selbst. Langweilige, typlose Hengste dagegen, die wenig aufmerksam sind und kein Feuer in den Augen haben, waren noch nie gute Vererber.

Bild 12. Vollblutaraberhengst Hadban Enzahi. Seine verhaltene männliche Kraft, sein »herrischer« Ausdruck, sein in die Weite gerichteter Blick, sein Adel der Gesamterscheinung bestimmen ihn als einen außergewöhnlichen Vererber.

Stuten sollen Mütterlichkeit ausstrahlen, einen etwas längeren Körper haben, aber edel und charmant, kurz gesagt, »Damen« sein. Derbe, maskulin wirkende Stuten mit groben Köpfen sind vielleicht ordentliche Gebrauchstiere, aber als Zuchtstuten taugen sie nicht, weil ihr Hormonsystem in der Regel nicht in Ordnung ist. Beim Araber war der Geschlechtstyp immer prägnanter als bei anderen Pferderassen. Man studiere die Plastiken begnadeter Künstler, die die kraftvolle Schönheit des Hengstes gegen die sanfte Anmut der Stute erfühlt und erlebt haben.
Das dritte Beurteilungselement ist das Gangvermögen. Der Araber ist auf Bewegung angelegt. Er liebt den sausenden Galopp, er liebt den Reiter, der sich nach der Weite sehnt, er liebt die Freiheit. Gehlust, Leichtfüßigkeit, Freude an der Kraftentfaltung, schwungvolle Gangarten sind seine Lebenselemente, sind ihm angeboren wie der äußere und innere Adel seines Wesens. Wenn ein Araber stumpf und gleichgültig blickt,

Bild 13. Stute Sahmet, geb. 1957, Tochter des Hadban Enzahi aus dem 1817 begründeten Weiler Stutenstamm der Murana, ist eine der besten Stuten des Haupt- und Landgestüts Marbach. Wer wäre von dieser charmanten Dame mit der fast vollkommenen Schönheit, der Gelassenheit ihrer mütterlichen Erscheinung und der inneren und äußeren Harmonie nicht begeistert?

sich dem Menschen nicht zuwendet, dann ist er nicht gesund, oder er ist kein echter Araber. Ängstliches, mißtrauisches Zurückweichen lassen eine schlechte Rasse vermuten.
In der Bewegung muß der »Trinker der Lüfte« schöner und erhabener werden. Jede Faser geht in die Bewegung ein, alles an ihm fließt und schwingt. Souverän und mühelos schwebt er hocherhobenen Hauptes im Gleichgewicht über dem Erdboden. Der Schritt muß zügig aus der Schulter heraus kommen. Pferde mit gutem Schritt haben auch einen guten Galopp, der die Hauptgangart des Arabers ist; in ihm liegt Musik und Poesie. Es ist herrlich, wenn die Vorhand sich leicht erhebend aufrichtet und die kraftvolle Hinterhand den fliegenden Körper vorwärts schleudert.
Für einen Reiter sind unergiebige Bewegungen mit kurzem, zackelndem Schritt eine Qual. Man fühlt, wie bleischwer die Vorhand auf den Beinen lastet und wie mühevoll die Anstrengungen durch den ehrlichen Willen des Pferdes aufgewogen werden müssen.
Der Trab ist nicht die bevorzugte Gangart des Arabers, dennoch soll er mit Schwung nach vorne weisen. Nichts ist schlimmer als ein matter, stampfender Trab.
Wenn der Araber in der Ausgeglichenheit seiner Gestalt mühelos, hocherhobenen Hauptes mit fliegendem Mähnenhaar im Zusammenspiel der Kräfte mit wehendem, getragenem Schweif, der »Fahne des Propheten«, wiegend über die Erde schwebt, ist das ein Fest für das Auge. Dann gilt die Beschreibung des Engländers Davenport: »Er ist ein absolut vollendetes Tier, nicht etwa da groß und dort klein. Soviel Harmonie und Ausgeglichenheit des Gebäudes findet man bei keinem anderen Pferd. Er ist Quintessenz aller Vorzüge in geballter Form.«

Der Körperbau des Arabers

Sind Typ und Bewegung beurteilt – dabei darf dem persönlichen Schönheitssinn Raum gelassen werden –, dann bleibt noch das Eingehen auf Einzelheiten des Pferdes. Sie können einen erworbenen guten Gesamteindruck nicht mehr gefährden, aber sie können natürlich den Zuchtwert – und hin und wieder auch den Gebrauchswert schmälern. Gute Pferdekenner suchen nicht die ganz fehlerfreien, korrekten Pferde, sondern Nerv, Energie, Manier und Reaktion auf Einflüsse von außen, kurz die Persönlichkeit eines Pferdes. Deshalb soll man sich dreimal überlegen, ob man ein Pferd kauft, das zwar korrekt, aber typlos und langweilig ist.
Eine Exterieurwertung ist nötig, weil wir keine anderen Kriterien haben und sich längst erwiesen hat, daß ein normaler Körperbau die Voraussetzung für Leistungsfähigkeit

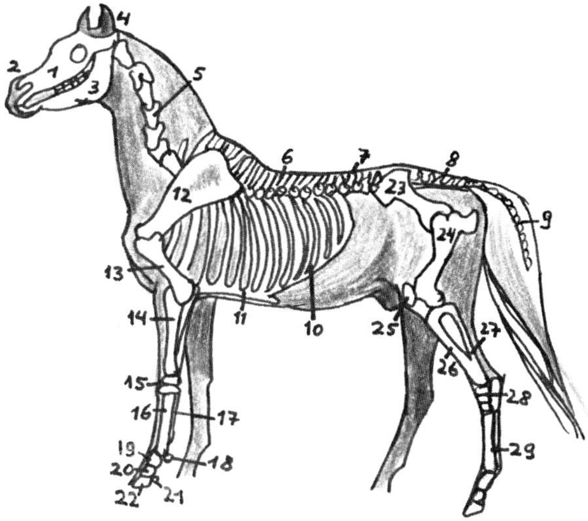

Bild 14. Das Skelett des Arabers

1 Jochbein
2 Nasenbein
3 Unterkieferbein
4 Hinterhauptsbein
5 Halswirbel (7)
6 Rückenwirbel (18)
7 Lendenwirbel (5–6)
8 Kreuzwirbel (5)
9 Schweifwirbel (18–21)
10 Rippen
11 Brustbein
12 Schulterblatt
13 Oberarmbein
14 Unterarmbein (Speiche und Ellbogenbein mit Ellbogenhöcker)
15 Vorderfußwurzel
16 Röhrbein der Vordergliedmaße
17 Griffelbein
18 Gleichbein
19 Fesselbein
20 Kronbein
21 Strahlbein
22 Hufbein
23 Beckenknochen (Hüftbein, Schambein und Sitzbein mit Sitzbeinhöcker)
24 Oberschenkelbein
25 Kniescheibe
26 Schienbein
27 Wadenbein
28 Sprunggelenk
29 Röhrbein der Hintergliedmaße

und Ausdauer ist. Ein schwaches, fehlerhaft gebautes Sprunggelenk bestimmt am Ende die Leistung, deshalb muß man die schwachen Stellen kennen. Dazu prüft man systematisch die Vorhand mit Kopf, Hals, Schulter, Brust und Vordergliedmaßen, dann die Mittelhand mit Rücken, Lende, Bauch und Flanken und endlich die Hinterhand mit Kruppe, Schweif und besonders gründlich die Hintergliedmaßen.
Kopf: Für den Beduinen war die Ausbildung des Kopfes das Hauptbeurteilungsmerkmal. Außer ihm spielt vielleicht noch die Hinterhand eine gewisse Rolle. In der Tat ist der Kopf der Spiegel des ganzen Tieres. An ihm erkannte der Beduine die Echtheit, den

Typ, die Familie und die Fähigkeiten des Pferdes. Er soll wie gemeißelt sein und klar in den Konturen. Ein Kopf, der im Verhältnis zur Widerristhöhe kurz ist, aber in der Stirn breit, mit großem nach vorn gerichtetem Auge, entspricht dem Ideal. Die Stirn soll wie ein Schild gewölbt sein. Da der Gehirnteil groß und breit ist, stehen Ohren und Augen weit auseinander. Dagegen soll der Schnauzenteil kurz und nach unten stark verjüngt sein. Als Merkmal edler Abstammung gilt eine große, eckige Nüster. Über die Nüster gibt es eine ganze Philosophie. Flache, enge Nüstern sind jedenfalls fehlerhaft, sie zeugen von unedler Abkunft, ebenso wie dicke Lippen. Besonders stark getadelt wird eine die Oberlippe überragende dickwulstige Unterlippe. Für den Laien ist der Hechtkopf mit einem konkaven Nasenprofil das auffallendste und wichtigste Merkmal, sozusagen das Markenzeichen echter Herkunft.

Der kleine Hechtkopf ist besonders in den westlichen Ländern nachgerade zu einem Fetisch geworden. Die Engländer nennen ihn »dished«, d. h. ausgehöhlt wie eine Schüssel. Sicher ist das eine Überbewertung, denn erstens besitzen wir Stiche von Arabern im

Bild 15. Vollblutaraberhengst Ghazal von Nazeer – »der Fürst der Pferde« (Dömken) – war ein Halbbruder von Hadban Enzahi. Aus seinem Gesicht strahlt reinstes aristokratisches Blut der unermeßlichen Weite der Wüste, vollendete Hingabe und zeitlose Schönheit der Kreatur.

königlichen Hofgestüt Weil, die gerade Nasenprofile hatten und zu den edelsten Nedschd-Familien gehörten und hervorragende Zuchtergebnisse nachweisen können. Zweitens kann nur das Gesamtbild und die Harmonie des ganzen Körpers und der Gliedmaßen einen Schluß auf die Herkunft erlauben. Mode allein ist kein Maßstab. Ein langer, grober, flacher Kopf, lange Schnauze, ein unbedeutender, kurzer Gehirnteil und vollends eine Ramsnase verraten Mischblut. Darauf deutet auch ein kleines, seitwärts gerichtetes Auge, besonders wenn es unruhig mit viel Weiß um den Augapfel aufblitzt. Damit soll feiges Wesen verbunden sein und manchmal sogar Bösartigkeit. Über ein Pferd mit langen Ohren sind die Meinungen in Ägypten nicht einhellig. Typischer ist sicher das kurze, einwärtsgedrehte Mausohr. Unruhiges Ohrenspiel läßt auf Erregbarkeit und Nervosität schließen, während aufmerksames Spitzen der Ohren Zuverlässigkeit, gelassene Gemütslage und Vertrauen bekunden. Feige Beißer und Schläger legen die Ohren permanent an und drohen damit. Man muß aber sagen, daß Temperamentsfehler bei Arabern sehr selten sind. Ein guter Charakter ist geradezu der Prüfstein für einen reinblütigen Liebling Allahs.
Hals: Der Hals dient der Balance, vor allem in den schnellen Gangarten. Gut mit Muskeln ausgestattet, plastisch geformt, hat er etwas hinreißend Schönes an sich. Seine Grundlage sind, wie bei allen Wirbeltieren, gleichgültig, ob bei Giraffen, Maus oder Pferd, sieben Halswirbel. Das besagt, daß die Wirbelsäule individuell verschieden ist. Leider kommen beim Araber kurze, plumpe, steil getragene Hälse vor. Meistens ist damit der unten herausgedrückte Hirschhals verbunden. Dann ist die Beizäumung erschwert und das natürliche Gleichgewicht gestört.
In der Beurteilung des Halses wird man in Zukunft strenger sein müssen, um so mehr als ein Pferd mit zu kurzem Hals in der Regel auch eine kurze, steile Schulter und eine zu kurze Kruppe hat. Solche Araber präsentieren sich als »Quadratpferde«. Gemeint ist, daß die beiden durch Vorderbeine und Hintergliedmaßen gefällten Senkrechten mit der Waagerechten des Rückens und der Grundlinie von Huf zu Huf ein Quadrat bilden. Die Reiterei will auch beim Araber ein längeres Pferd, dessen Länge die Widerristhöhe übertrifft, weil kurze Pferde keine weitreichende Aktion, kein natürliches Gleichgewicht und keine schwingende Elastizität mit fließenden, ausgreifenden Bewegungen haben.
Hin und wieder hört man, der Araber müsse umgezüchtet werden. Das wäre falsch, denn damit würde man ihn als Ganzes aufs Spiel setzen. Es gibt auch beim Araber gestrecktere Formen, die in der Zucht zu Lasten des kürzeren Formats bevorzugt werden müssen.
Schulter: Wenn man sich in die Funktion und Statik der Vorhand hineindenkt, lernt man leicht, sie zu beurteilen. Der Brustkorb ist zwischen den Schultern und Oberarm-

beinen mit Sehnen, Bändern und starken Muskeln aufgehängt. Alles ist von der Schulter bis zur Fessel auf Elastizität und Federung angelegt. Die von den Knochen der Gliedmaßen gebildeten Winkel sind die »Knautschzonen«, die die Wucht der Bewegungsstöße aufnehmen. Gewiß sind Araber keine Springspezialisten, aber auch ihre Vorderbeine müssen beim Landen nach Überwinden eines Hindernisses eine Belastung von 2000 kg aushalten. Das zeigt, wie wichtig die Stellung der Extremitätenknochen und deren Bemuskelung ist.

Diesen Anforderungen entspricht ein langes Schulterblatt, das schräg gelagert und mit langem Oberarmbein einen rechten Winkel bilden soll. Dieses Winkelmaß gestattet den Ansatz kräftiger und breit ausgelegter Muskelmassen. Fehlerhaft und leicht feststellbar ist die wenig plastische, steile und im Winkel von Schulterblatt und Oberarmbein zu offene Schulter. Sie verbürgt keine Leistung, weil die Vordergliedmaßen nicht weit nach vorn ausgreifen können. Wichtig ist auch das Ellenbogengelenk, das von Muskeln umschlossen sein soll, die am Ellbogenhöcker kraftvoll ansetzen können. Auch die Fesseln dürfen nicht steil sein, weil sie unelastisch sich bei starker Beanspruchung allzurasch verbrauchen und Krankheiten der unteren Gelenke, der Fesseln und des Hufes hervorrufen.

Vordergliedmaßen: Vorderfußwurzel- und Fesselgelenke sollen, äußerlich gesehen, breit und kräftig ausgebildet und korrekt gestellt sein; wenn von vorne und von der Seite gesehen die Unterarme und Vorderröhren senkrecht und parallel zueinander stehen, dann sind die Gelenkflächen gleichmäßig beansprucht. Es gibt eine Menge Fehler, die sich an den Gelenken in Auftreibungen, Gallen, Anlagerungen von Knochensubstanz äußern. Darauf können wir im einzelnen leider nicht eingehen. Man findet bei den Arabern zwar öfter Unkorrektheiten, wie zum Beispiel zehenenge und zehenweite Stellung der Fesseln, rückbiegige Vorderbeine, schwache Röhren, aber relativ selten Erkrankungen der Gelenke. Die Knochen des Arabers sind nicht voluminös, sondern derart verdichtet und stahlhart, daß sie stärkste Beanspruchung aushalten.

Mittelhand: Widerrist und Rücken bilden die Sattellage. Der Widerrist soll möglichst hoch sein und weit in den Rücken hinein verlaufen. An ihm setzen die gewaltigen Muskelstränge des Rückens an, die die Tragfähigkeit und die Übertragung der Kräfte aus der Hinterhand bestimmen. Gute Araber haben als ursprüngliche Reitpferde einen ausgeprägten Widerrist. In den angelsächsischen Ländern hat man ihm zu wenig Aufmerksamkeit geschenkt, sobald aber ein weicher Senkrücken mit einem schwach angedeuteten Widerrist vorhanden ist, leidet die Reiteignung stark. Der Rücken des Arabers ist relativ kurz, aber kräftig. Das kommt, wie man sagt, weil er nur fünf statt der bei den übrigen Pferderassen vorhandenen sechs Lendenwirbel hat. Tatsächlich ist die Zahl fünf die Regel, aber es gibt nachweislich auch Araber mit sechs Lendenwirbeln.

Für den Reitsport ist ein genügend langer Rücken erwünscht, er schwingt dank der kräftigen Muskulatur besonders in der Lende und überträgt wie eine Brücke die von der Hinterhand ausgehenden Kräfte. Fehlerhaft ist eine matte, schmale, muskelarme Lende und ebenso eine stramme, feste, die oft wegen rachitischer Veränderungen nicht federn kann. Sie führt vielfach zu einem nach oben gewölbten »Karpfenrücken«. Der Züchter bevorzugt den mittleren Rücken, also das gestreckte Pferdemodell.

Hinterhand: Schon das Pferdeskelett deutet mit den außerordentlich kräftigen Knochen der Hinterhand an, daß von hier die Kraftquelle und die größte Belastung ausgeht. Es besteht auch eine feste, gelenkige Knochenverbindung der Gliedmaßen zum Becken und der stabilen Wirbelsäule im Hüftgelenk. Die knöcherne Grundlage der Kruppe ist das aus fünf Wirbeln zusammengewachsene Kreuzbein, das selbst straff mit dem Bekkengürtel verbunden ist. Dieses knöcherne, ringförmige Gebilde wird zum Ansatzpunkt gewaltiger Muskelstränge, die voneinander abhängen und sich gegenseitig ausgleichen.

Der maximale Effekt dieses Systems steht und fällt mit den drei Winkelungen der Hinterhand (Hanken), die sich strecken und beugen und zum Motor des Pferdes werden. Die erste Winkelung befindet sich zwischen Becken und Oberschenkel. Drehpunkt ist das Hüftgelenk an der Nahtstelle von Darm-, Sitz- und Schambein, das von außen zu erfühlen ist. Um viel Muskelmasse Ansatz zu bieten, muß das Becken lang und schräg nach hinten geneigt sein, und der Winkel mit dem Oberschenkel darf nicht mehr als 90° betragen, wenn eine optimale Kraftwirkung erzielt werden soll. Schönheitsfanatiker hielten lange eine fast waagerechte, gerade Kruppe für typisch arabisch und für schön. Das stimmte nicht und war funktionell falsch gedacht. Der mächtige Oberschenkel ist ganz von Muskeln umkleidet. Wenn er, wie gewünscht, lang ist, verdeckt er mit dem ihm angelenkten Knie und der Kniescheibe von der Seite gesehen die Geschlechtsteile. Je offener und stumpfer der Winkel zwischen Becken und Oberschenkel ist, um so günstiger ist die Muskelentfaltung und die vorwärtsschleudernde Kraft der ganzen Hinterhand. Gerade diese Partie wußten die Beduinen aus Erfahrung zu schätzen, obwohl sie von den anatomischen Verhältnissen keine Ahnung hatten.

Die zweite Winkelung bildet der Oberschenkel mit dem Unterschenkel. Drehpunkt ist das Kniegelenk, unterstützt von der Kniescheibe. Der Winkel ist stumpf mit etwas mehr als 90°. Für einen guten Raumgriff muß der Unterschenkel lang und von Muskeln umschlossen sein. Ist er kurz, so bleiben die Bewegungen unergiebig und tappend.

Der dritte Winkel (etwa 135°), am Sprunggelenk, das sich zwischen Unterschenkel und Hinterröhre einschiebt, bedarf einer besonders gründlichen Beurteilung. Das Sprunggelenk ist aus mehreren kleinen Knochen zusammengesetzt; am wichtigsten ist das Fersenbein, das als langer Hebel ungeheurer Beanspruchung ausgesetzt ist. Die Beurteilung des Sprunggelenks macht dem Pferdefreund immer Schwierigkeiten. Es kann nicht breit genug, lang und klar genug ausgebildet sein. Die Hinterbeine sollen von hinten gesehen in einer mit den Vorderbeinen lotrechten Ebene verlaufen. Sind sie nach außen gebogen, also faßbeinig, dann ist das bedenklich, weil die Sprunggelenke einseitig beansprucht werden. Sind sie nach innen abgeknickt – also kuhhessig oder sprunggelenkseng –, so ist das für die Zucht wertmindernd, im Gebrauch aber kaum von Schaden, denn das Wild zum Beispiel und viele andere Tiere wie Antilopen, Kamele, Büffel vollbringen trotz der anomalen Stellung große Leistungen und zeigen keine Schäden. Von der Seite gesehen sind zu tadeln: zu gerade = stuhlbeinige, zu stark im Sprunggelenk gewinkelte = gesäbelte Hintergliedmaßen. Man prüfe eingehend die Sprunggelenke auf Knochenauftreibungen – Hasenhacke, Spat, weiche, mit Flüssigkeit gefüllte Gallen, besonders auch an den Übergangsstellen vom Gelenk zur Röhre, weil dort die Schwachstellen sind.

Der unterste Teil der Extremitäten ist der Hintermittelfuß mit der Fessel und dem Huf. Die gesunde Fessel ist hochelastisch, leicht angelenkt, nicht zu steil und nicht zu weich (bärentatzig). Der Fesselstand soll, von hinten gesehen, gerade in Laufrichtung zeigen. Abweichungen haben leicht Zerrungen, Quetschungen und Gallen zur Folge. Der Araber hat einen kleinen, stahlharten Huf. Große, flache und runde Hufe gelten als Zeichen ordinärer, unechter Abstammung.

Haarfarbe: Es gibt alle Farben – Schimmel, Füchse, Braune und Rappen –, aber Schimmel überwiegen. Schimmel kommen im übrigen immer mit dunklem Haarkleid zur Welt, das sich meist im Fohlenalter aufhellt. Die Aussagen der Beduinen über die Farben und ihre Beziehung zur Leistungsfähigkeit sind widersprüchlich. Die Europäer sagen, ein gutes Pferd habe keine Farbe, und damit haben sie wohl recht.

Schweif und Mähne sollen aus feinem, seidigem Haar sein. Großes, buschiges, unedles Haar bedeutet unedle Abstammung. Der Schweif soll leicht gebogen, freischwingend und gerade in Richtung der Wirbelsäule getragen werden. Leider gibt es aber bei den Arabern nicht selten sogenannte Linke- oder Rechte-Schweifträger, was ungern gesehen wird, weil einseitige Schweife auf Muskelverspannungen hinweisen, die reiterlich stark stören.

4

Das Gangvermögen

Alle beschriebenen Fehler der Stellung und der Körperproportionen äußern sich in den Bewegungen. Bei Pferdeschauen, Körungen, Turnieren mit Materialprüfungen, Käufen und Verkäufen mustert man deshalb die Pferde blank an der Hand. Es wäre ein

Bild 16. Hengst Kaisoon von Nazeer, geb. 1958 in Ägypten, Besitzer: Zoo Duisburg. Der Araber ist kein Pferd der Enge. Erst in der Dynamik der Bewegung wird er Araber – »Flieger ohne Flügel und Sieger ohne Schwert«.

schlechter Stil, wenn ein Pferd nicht gut geputzt, frisiert und mit sauber gewaschenen Hufen vorgestellt würde. Zuerst wird das Pferd im Stand vorgestellt. Die geöffnete Seite dem Beschauer zugewandt, steht das Pferd auf allen Beinen, so daß der Beschauer alle vier Beine einzeln sehen kann. Es soll sich zwanglos, natürlich mit langem Hals darstellen. Der Vorführer muß Bescheid wissen über Name, Geburtsjahr und Abstammung des Pferdes.

Man läßt sich ein Pferd zuerst im Stand, dann im Schritt und zuletzt im Trab, aber nie im Galopp vormustern. Auf einer Bahn von etwa 60 m Länge läßt sich der Schritt, die Art des Schreitens beurteilen. Die Schrittlänge kann der Anfänger an den Trittsiegeln beobachten. Die Hinterbeine müssen deutlich über die Siegel der Vorderbeine hinaustreten. Der Trab muß lang, flüssig und schwungvoll sein.

Von vorne oder hinten betrachtet, erkennt man eine unkorrekte Stellung der Gliedmaßen. Bei korrektem Fundament verdecken die Hinterbeine in Laufrichtung die Vorderbeine und umgekehrt. Breites Gehen der Hinterhand oder Abweichen nach innen führt oft zum Streichen, d. h. zu Fesselwunden. Das Werfen der Vorderhufe nach außen nennt man Bügeln, nach vorwärts auswärts Fuchteln. Das sind mehr oder weniger gravierende Gangfehler für die reiterliche Nutzung und bedeuten Zuchtunwürdigkeit. Ein guter Araber soll Gehlust und Freude an der Bewegung haben, sich tragen, frei und schwungvoll im Gleichgewicht gehen, kurz, er soll mühelos bei wehender Mähne und stolz getragenem Schweif seine ganze Schönheit zeigen. Wollen Sie das alles noch einmal in arabischer bildreicher Poesie hören?

Die gute Stute sieht so aus:

»Der Ausdruck in den Stutenaugen gleicht dem einer liebenden Frau; der Gang dem eines schönes Weibes; die Brust der Stute ist wie die eines Löwen; ihre Flanke wie die der Gazelle. Sie ist die Trinkerin des Windes, sie trottet wie ein Wolf und galoppiert wie ein Fuchs; ihr Fell ist wie ein Spiegel, ihr Haar so dicht wie die Federn auf Adlers Schwingen, und ihr Huf ist so hart wie Stein, von dem man Feuer schlagen kann, und gerade so weit, daß eine Maus darin ihr Nest bauen könnte; sie ist sanft wie ein Lamm, aber wie ein Panther im Zorn, wenn sie geschlagen oder gereizt wird. Ihre Nüstern sind geöffnet wie Blütenblätter einer Rose. Ihre Schultern verwandeln sich in Flügel, wenn sie rennt. Ihre Beine sind stark wie die eines wilden Straußes und bemuskelt wie jene des Kamels. Ihre Augenwimpern sind lang wie Gerstenähren und die Ohren wie die zweier Halbedelsteine eines Speerkopfes!«

Arabisches Blut in anderen Pferderassen

Es wurde schon erwähnt, daß die Zucht des arabischen Pferdes nicht Selbstzweck ist, sondern die Aufgabe hat, andere Rassen zu verbessern. Das mindert nicht die Bedeutung des Arabers als Reitpferd für Sport und Freizeit und auch nicht seinen ideellen Wert als herrliches Familienpferd, das seinem Züchter oder Besitzer eine Quelle der Freude und Erholung ist.

Das Englische Vollblut

Das Englische Vollblut (in England Thorough-bred genannt) ist ein direkter Abkomme des Arabers. Wenn Lebewesen einer einseitigen Zuchtwahl oder neuen Lebensbedingungen unterworfen werden, so ändern sie sich äußerlich und innerlich nach den gestellten Bedingungen. Sie passen sich an, das zeigt die Entwicklungsgeschichte aller Lebewesen. Ein einfaches Beispiel: Wünscht man Pferde mit brauner Farbe, dann wird man andere Farben von der Zucht ausschließen. Als Ergebnis nehmen die Braunen schon nach wenigen Generationen zu.

Als die Engländer begannen, Araber zu züchten, verfolgten sie einseitig und kompromißlos das Ziel, beim Galopprennen beste Leistungen zu erreichen. Bei einer züchterisch so ungewöhnlich begabten Nation waren bei einem so komplexen, umfassenden Leistungsziel zusätzlich eine Änderung der Gestalt und sogar der Charaktereigenschaften zu erwarten. Eine überragende Rennleistung kommt durch Zusammenwirken des gesamten Organismus, aller Kräfte, aller Organe, wie Herz, Lunge, Kreislauf usw., zustande. Die Anpaarung der jeweils renntüchtigsten Pferde muß sich gegenüber dem Ausgangsmaterial von Generation zu Generation in Gestalt und Typ mehr und mehr unterscheiden. Der Mensch schafft durch sein Eingreifen eine Kunstrasse.

In der Tat haben die praktischen Engländer den Wert des arabischen Blutes früh erkannt und in geradezu genialer Weise ausgewertet. Durch das Prinzip der Auslese nach Rennleistung entstand das Englische Vollblutpferd, das heute über den ganzen Erdball verbreitet ist und die Nationen verbindet. Kein zufälliges Exterieur, keine Abstammung, keine Züchterlaune, keine Zeitmode konnten während 300 Jahren Einfluß auf die Zuchtwahl nehmen. Am Zielpfosten der Rennbahn wurde unparteiisch, gerecht und objektiv selektiert. So ist der englische Galopper die Krone der Tierzucht geworden. Durch das praktische Denken der Briten mit ihrem umfassenden Zuchtsystem entstand eine neue, vollkommene Rasse.

Die Hengste und Stuten, die in den Rennen mit Härte, Gesundheit, Nervenkraft und Kampfeswillen allen Zerreißproben trotzten und im Sieg triumphierten, hatten die Chance, sich fortzupflanzen. Der Grundstoff aber, aus dem die neue Rasse entstand, war der eisenharte, orientalische Araber.
Der Englische Vollblüter ist dem Araber nach 300 Jahren an Größe, Format und Körpergewicht weit überlegen, er ist hochbeiniger, gestreckter und eleganter von Statur geworden. Ähnlich wie die Rekorde im Hochsprung, im Kurz- oder Langstreckenlauf von großwüchsigen Menschen errungen werden, haben große Pferde die besseren Siegeschancen. Kleine Pferde können auch mit flinkeren Bewegungen die Überlegenheit der großen nicht ausgleichen. Die Widerristhöhe des ausgewachsenen Englischen Vollblüters ist heute in der Regel mindestens 10 cm höher als die des Vollblutarabers. Besonders deutlich zeigt sich das beim Englischen Vollblutjährling, der schon fast so groß ist wie ein ausgewachsener Araber. Es ist nachgewiesen, daß die Vollblüter heute im Durchschnitt etwa 20 cm größer sind als vor 200 Jahren. Sie sind auch schneller geworden. Das Durchschnittspferd von 1939 würde gegen das von 1914 schneller sein, und zwar um 50 m in der gleichen Zeit, das bedeutet, sie sind durch Zuchtauslese 3 Sekunden schneller geworden.
Die Entstehung des Englischen Vollblutes (in der Fachsprache wird das Englische Vollblut mit XX und das Arabische Vollblut mit OX bezeichnet) liegt vor Beginn des 17. Jahrhunderts. Einheimische Stuten wurden mit orientalischen Hengsten angepaart. Im einzelnen ist die Abstammung der Stuten nicht bekannt, aber es steht fest, daß sie arabischen Ursprungs waren.
Einen Beitrag haben auch die »Royal Mares«, Stuten des königlichen Hofes, geleistet. Sie stammten aus dem Orient. Importe waren schon damals nicht selten, weil Pferde aus dem Orient geschätzt waren.
Zwischen 1690 und 1730 gelangten die drei Hengste nach England, die als Stammväter des Englischen Vollblüters gelten. Es sind die arabisch-orientalischen Hengste: *Byerly Turk, Darley Arabian* und *Godolphin Arabian.* Dieses Dreigestirn hatte sich nach kurzer Zeit so durchgesetzt, daß es alle anderen Abstammungen aus der Zucht verdrängt hatte. Ihre Nachkommen wurden 1793 von Lord Wetherby in das englische Generalstutbuch eingetragen, und keine anderen als ihre Abkömmlinge wurden hinfort als »Vollblüter« anerkannt und in der Vollblutzucht zugelassen. Konsequente Selektion nach Rennerfolgen in den kommenden Jahrhunderten festigten die Rasse erblich, und die Rennrekorde besserten sich so, daß die Anfangsergebnisse mit den heutigen nicht mehr zu vergleichen sind. Nur um zu zeigen, welche Zufälle manchmal zur Entdeckung hervorragender Zuchttiere führten, soll hier kurz die Herkunft der drei Stammväter erzählt werden.

Byerly Turk, Reitpferd von Captain Byerly, wurde bei der Belagerung von Wien (1689) von einem Holländer erbeutet, ein englischer Captain erwarb ihn und brachte ihn nach England.

Darley Arabian wurde 1710 in Aleppo, Nordarabien, von einem Mr. Thomas Darley gekauft und nach England gebracht. Durch seine Nachkommen wurde man auf ihn aufmerksam und verwendete ihn in der Vollblutzucht.

Godolphin Arabian war wahrscheinlich ein Berberaraber, der 1730 mit drei anderen Hengsten als Geschenk des Beys von Tunis an Ludwig XV. nach Frankreich kam. Dem König gefiel er nicht, und er verkaufte ihn nach England. Erst aus dritter Hand gelangte er an Lord Godolphin. Die Legende erzählt, das Pferd sei ein Klepper vor einem Pariser Wasserwagen gewesen, der wegen seines unguten Charakters verkam und wie ein Karrengaul aussah. Er zog die Aufmerksamkeit von Lord Godolphin durch einen in seinem Gestüt geborenen Sohn, Lath, auf sich, der der beste Galopper seiner Zeit war.

Die drei Hengste sind in die Geschichte eingegangen, und ihre Nachkommen sind weit verbreitet. Die Darley-Linie ist in England, Frankreich und in Italien verbreitet und wurde in Deutschland dominierend. Die Godolphin-Linie erlangte in den klassischen Vollblutzuchtländern England, Frankreich und Italien Bedeutung.

Seit Ende des letzten Jahrhunderts hat das Englische Vollblutpferd eine enorme Bedeutung als Veredler in den Reitpferdezuchten erlangt. Wie so oft im Leben haben die Söhne die Väter verdrängt: das Englische Vollblut den Araber. Die vom Araber veredelten Reitpferde waren von der Jahrhundertwende an den Militär- und später auch den Zivilreitern zu klein. Dem heutigen Hochleistungssport auf internationalen Konkurrenzen im Springen, Gelände und in der Dressur genügen mittelgroße Modelle im Quadratformat nicht mehr, und der Englische Vollblüter löste den Araber als Veredler in der Zucht ab. Er entsprach den Anforderungen an Größe, Gleichgewicht und Härte durch seine stahlharte Textur.

Das Englische Vollblutpferd trat einen Siegeszug durch die ganze Welt an, der wohl auch in Zukunft anhalten wird. Es gibt auf allen Kontinenten kein fortschrittliches, wohlhabendes Land von Bedeutung, das nicht eine Vollblutzucht aufgebaut hat. Auch Japan hat eine junge, bedeutende Vollblutzucht geschaffen. Die deutsche Vollblutzucht hat eine 100jährige erlauchte Tradition. Abgesehen von den vielen Spitzenpferden im internationalen Rennsport braucht man nur einmal in den Katalogen der Springkonkurrenzen zu blättern, um festzustellen, wie viele Warmblut-Pferde Ahnen mit dem Zeichen für Englisches Vollblut XX haben. Auch wenn heute die Zucht von Vollblutarabern ein Mauerblümchendasein führt, so darf man nicht vergessen, daß »am Anfang der Araber war«.

Der Anglo-Araber (AA)

Der Anglo-Araber ist aus der Kreuzung aus Arabern und Englischem Vollblut entstanden und ist somit ein legitimer Arabersproß. In Frankreich stellt er eine wichtige Rassengruppe zur Erzeugung bester Sportpferde dar. Seit etwa 1840 werden dort leistungsstarke englische und arabische Vollblüter in sich gekreuzt, und der Zusammenklang eng verwandter Rassen hat schnelle Sportpferde von internationaler Bedeutung hervorgebracht. Auch Polen hat eine bedeutende Anglo-Araberzucht.

In Deutschland hat sie nie so recht Fuß fassen können, weil die Deutschen immer die Reinzucht bevorzugten. Erst in jüngster Zeit ist man in Deutschland auf die Erfolge des in Polen gezüchteten Anglo-Arabers Ramzes aufmerksam geworden, der im Gestüt Vornholz eine Reihe von bedeutenden Zucht- und Sportpferden, wie Romus, Romu-

Bild 17. Anglo-Araberhengst Domino, Rappe, geb. 1974 von Black Sky xx und der Duna von O'Bajan XIII und der 198 Kemir II, entspricht in Kaliber, Typ und Leistung dem heute erwünschten Ziel dieser Zuchtrichtung. Hier im Endgalopp der Rennstrecke in der Hengstleistungsprüfung Medingen. Züchter: Dr. Gramatzki, Hamburg; Besitzer: Hannelore Ney, 4971 Hüllhorst.
Der Anglo-Araber, ein legales Kind des Vollblutarabers mit seinem engsten Vetter, dem Englischen Vollblut, hat besonders in Frankreich und Polen im großen Sport einige Bedeutung erlangt.

lus, Retina, Radetzki, Roderich, Roman u.a. (R-Linie) hervorgebracht hat. Um zu starken, großrahmigen Reitpferden zu kommen, bevorzugen die Gestüte bei Vollblutarabern und Englischen Vollblütern große Pferde, die die Standardmaße in der Regel überschreiten.

Der Shagya-Araber

Ungarn hat in dem weltberühmten Gestüt Bábolna über mehr als ein Jahrhundert in der Shagya-Rasse einen hervorragenden, im Kaliber etwas stärkeren Gebrauchs-Araber für die Landespferdezucht geschaffen. Der Shagya-Schimmel, der über 20 Generationen auf arabischen Elementen durchgezüchtet war, ist ein edles und praktisches Reit- und Wagenpferd. Wegen der Schaffung landwirtschaftlicher Großbetriebe durch die sozialistische Revolution, so vernimmt man, hat diese Rasse in Ungarn keinen Markt mehr. Viele dieser ausgezeichneten Pferde fanden in Deutschland eine neue Heimat und sollen nun auf Anregung von Dr. Gramatzki stutbuchmäßig zusammengeschlossen und erhalten werden.

Der Araber in anderen Landespferdezuchten

Auf der ganzen Welt gibt es kaum eine Pferderasse, die nicht arabisches Blut in ihren Adern führt. Überall hat der Araber seine Erbkraft den unansehnlichen, gewöhnlichen Landschlägen gespendet und aus ihnen edle, leistungsfähige, vielseitige Pferde geformt. Ohne Araber wären die spezialisierten, hochgezüchteten Sport- und Wirtschaftsrassen nicht denkbar!

Begabte Züchter in allen Ländern schufen mit ihm die herrlichen Militär- und Sportpferderassen für alle Zwecke, für die großen Turniere mit mächtigen Springkonkurrenzen, mit Dressuren, mit Geländeprüfungen, sie formten Gebrauchspferde für die Wirtschaft und Kutschpferde für die Fürstenhöfe und die Großen. In jedem eleganten Pferde entdeckt man unschwer den Glanz des arabischen Blutes, gleichgültig, ob dieses direkt vom Araber oder mittelbar vom Englischen Vollblüter stammt. Von dieser geschichtlichen Leistung des Arabers zu berichten, bedürfte es nicht nur weniger Zeilen. In Deutschland stößt man beim eleganten Trakehner, beim vielseitigen Sportpferd aus Hannover und aus Westfalen und auch bei den Springakrobaten aus Holstein auf die gleichen arabischen Blutströme eines Amurath 1881 und seiner Söhne und Enkel. In neuerer Zeit entdecken die Hippologen wieder den wertvollen Einfluß des arabischen Blutes. Aber auch in Württemberg hat zum Beispiel der Trakehner Pregel mit seinem arabischen Mutterstamm die Brücke geschlagen zu dem alten Weiler Araber-Erbe. Selbst der Haflinger kann seine aristokratische Abkunft von dem Originalaraber El Bedavi und seinen Söhnen nicht verleugnen. Warum sollten dann viele Kleinpferde und

Bild 18. Shagya-Araber Nashrallah, braun, geb. 1975 von Bartok und der Nedda von Jussuf VII und der 288 O'Bajan X. Züchter: Inge Schwab-Gampert, Salmannskirchen; Besitzer: Gestüt Urihof, Ch. und R. Buschmann, 8131 Erling-Andechs.
Das Volk der Ungarn, begabte Pferdezüchter, hat aus heimischen Landpferden und arabischem Blut die in der Welt einmalige Shagya-Zucht geformt, die Schönheit und Leistung vereinigt.

Ponys und selbst der Sankt Märgener Fuchs, das Schwarzwälder Kaltblutpferd, sich mit ihrer edlen Abkunft verstecken? Im Ausland, zum Beispiel im Raum der ehemaligen Donaumonarchie, in Polen, in Rußland und im Westen in Spanien und Frankreich, überall ist und war das arabische Erbe hochgeschätzt.

Die deutsche Araberzucht

Die deutsche Araberzucht hat mit zwei Wurzeln eine rühmliche Vergangenheit. Die ältere ist das Königliche Hofgestüt Wilhelms I. von Württemberg in Weil bei Stuttgart, das im Haupt- und Landgestüt Marbach a. d. Lauter weiterlebt und heute wohl das älteste Arabergestüt der Welt außerhalb der Ur-Heimat auf der arabischen Halbinsel ist. Die andere wird heute durch den Verband der privaten Araberzüchter im Bundesgebiet verkörpert. Diese Züchterorganisation ist erst im letzten Jahrzehnt durch ein rasches Wachstum erstarkt und bildet heute schon ein namhaftes Mitglied im Konzert der Weltaraberzuchtorganisation (WAHO).

Die Araberzucht Weil-Marbach

Nach den Koalitionskriegen Frankreichs gegen die Kontinentalmächte erzwang das Diktat Napoleons große territoriale Veränderungen in Europa. Der Fleckenteppich der deutschen Landkarte mit einer unheilvollen Kleinstaaterei wich einem System neuer größerer Länder, die Frankreich als Vasallen und Schutzschild dienen sollten. In Süddeutschland entstanden fast über Nacht die Königreiche Bayern, Württemberg und das Großherzogtum Baden, im Norden erstarkte Preußen. Es wundert nicht, wenn sich die neuen Staaten in dieser unruhigen Zeit unsicher fühlten und eine schlagkräftige Kavallerie aufbauten, um Feinde im Innern wie im Äußern abzuschrecken. Dabei spielte das Pferd eine entscheidende Rolle; seine Anzahl mußte vergrößert, und seine Fähigkeiten mußten verbessert werden.
In kurzer Zeit wurden neue Gestüte gegründet, die die Landesfürsten eifrig förderten. Da das arabische Pferd als das Beste zur Erzeugung von Militärpferden galt, wurden allenthalben in Militärgestüten Kreuzungen mit einheimischen Pferden vorgenommen. Die Erfolge waren den Berichten nach großartig. Nach Erfüllung dieses Auftrages verschwanden diese Gestüte schnell wieder. Lediglich das Privatgestüt Weil des Kronprinzen und späteren Königs Wilhelm I. von Württemberg hatte Bestand. Es wurde 1817 gegründet, gelangte zu großer Blüte und errang europäischen Ruhm. Obwohl König Wilhelm I., wie andere Landesfürsten auch, der Landeszucht arabische Hengste zur Verfügung stellte, gipfelten seine Wünsche in einer Reinzucht edelster Araber. Er scheute in den folgenden Jahrzehnten keine Opfer und bemühte sich trotz mancher

züchterischer Rückschläge immer wieder um den Ankauf wertvoller Araber aus dem Orient. Den Grundstock bildete der Erwerb einiger Hengste und Stuten, unter denen die Stute Murana eine Perle war. Ihr Stamm lebt seit nunmehr 160 Jahren in Marbach fort. Mit großer Tatkraft ergriff der königliche Gestütsherr jede Gelegenheit, neue Pferde zu erwerben, und schon bald gab er Baron von Fechtig, einem hervorragenden Pferdefachmann aus Ungarn, den Auftrag zu neuen Ankäufen.

Baron von Fechtig brachte einen Transport von sieben Stuten und zwei Hengsten aus dem Orient nach Weil. Alle waren herrliche Pferde, aber die Spitze hielt Bairactar, ein Schimmelhengst von seltener Schönheit und Klarheit (siehe Bild 9, Seite 38). Mit dem Transport kam auch der goldbraune Hengst Tajar, der dem Silberschimmel Bairactar gleichkam, aber im Fundament etwas leichter war. Des Königs Anliegen war ein edler, aber trotzdem kräftiger und im Format bedeutender Araber, der sowohl als Reitpferd wie auch als Wagenpferd zu verwenden war. Seiner Aufmerksamkeit entging nicht, daß Tajar sehr noble Nachkommen hatte, die jedoch im Fundament mäßig blieben. Darum wurde der Hengst verkauft.

Bairactar indessen wurde ein Volltreffer. Er vererbte sich großartig und deckte bis zu

Bild 19. Gestütsanlage von Weil. Links die Sommervilla des Königs, rechts die Pferdeställe.

Bild 20. König Wilhelm I. von Württemberg wurde wegen seiner Vorliebe für die Pferde und die Landwirtschaft »der Bauer auf dem Königsthron« genannt. Bis ins Jahr 1812 gehen seine ersten Zuchtversuche mit edlen Arabern zurück. Mit großem Können und züchterischem Feingefühl entwickelte er das Gestüt Weil zu einsamer Höhe.

seinem 24. Lebensjahr. Dementsprechend wurde er stark in der Zucht eingesetzt, und von Jahr zu Jahr erlebte der »Bauer auf dem Königsthron« mehr Freude, die Herde wuchs an Zahl und Qualität. Bairactar stellte ein paar Söhne, die den Vater an Vollkommenheit übertrafen. Bairactar, das Zuchtwunder, hat die Weiler Araberzucht blutmäßig ein ganzes Jahrhundert lang bestimmt. Er selbst, aber besonders seine Söhne, verbreiteten sein Blut bald in ganz Europa. Sein Sohn Amurath 1829 aus der Saady III war ein Traumhengst mit einem wundervollen Typ und einer Plastik, die noch heute das nicht wieder erreichte Idealpferd der Araberfreunde darstellt. Weitere Söhne wurden nach Rußland und in östliche Länder verkauft.

Ermutigt durch die Erfolge setzte Wilhelm I. alles daran, sein Gestüt durch weitere Ankäufe zu erweitern. Der polnische Graf Rzewuski erhielt über seine Gemahlin, eine Schwester des Zaren Alexander I. von Rußland, den Auftrag, weitere Araber zu kaufen. Nach zweijährigem Aufenthalt in Arabien übergab Graf Rzewuski dem König 1819 acht Hengste und zwölf Stuten von erlesener Qualität. Darunter war der Schimmelhengst Goumousch-Bournou aus dem Saklawi-Djedran-Stamm, aus dem auch Bairactar stammte. Er war ein starker, männlicher Hengst, der jedoch nur mäßigen Adel zeigte. Trotzdem paßte er offenbar sehr gut zu den Bairactar-Stuten, mit denen er sehr gute Nachkommen ohne Einbuße an Adel zeugte. Das kam den Wünschen und der züchterischen Vorstellung des Königs sehr entgegen, der trotz des angestrebten Adels nicht auf Größe und Kaliber bei seinen Arabern verzichten wollte.
Die Weiler Zuchtprodukte übertrafen die Importe schon in der ersten Generation an Knochenstärke und Größe. Experten jener Zeit bestätigen, daß die Käufer aus anderen Ländern sich um Weiler Pferde rissen. Es entging ihnen aber auch nicht, daß der Gestütsherr rücksichtslos alles ausmerzte, was seinen Anforderungen nicht entsprach. Das zeigte der letzte Tiertransport, denn außer der Stute Hasfoura aus dem Stamm der Saklawi-Gidran und ihrer Tochter Elkanda genügten die mit soviel Opfern und Kosten beschaffften Pferde den Ansprüchen nicht. In der Zuchtgeschichte heißt es bei vielen klangvollen Namen nur: Schakra I, Geyra I, Kabron I oder Abululu »genügte nicht«, »wurde verkauft«, oder »es fehlt das Feuer«, oder »die Stuten traten durch nichts hervor!«
Schon 1821 erwarb Baron von Fechtig wiederum die Stuten Hamdany und Czebessy I zu sehr hohen Preisen. Sie und andere Einfuhren belasteten die königliche Privatschatulle sehr, aber die Passion für das edle Pferd war stärker als alle Bedenken.
Im Jahre 1822 zählte das Gestüt bereits 18 originalarabische Mutterstuten und 23 ein- bis fünfjährige Fohlen.
Durch gute Pflege und vorbildliche Betreuung der Pferde entwickelte sich die Herde prächtig, und die von Bairactar stammenden Nachwuchspferde gaben dem Bestand besonderen Glanz.
Der Gestütsherr versuchte immer wieder mit fremden Hengsten zu züchten, und deshalb hat das Königliche Gestüt von 1817 bis 1861 38 originalarabische Hengste und 36 Stuten eingekauft; aber die Bairactar-Nachkommen überragten alle anderen. Deshalb wurden mit genialem, züchterischem Feingefühl und entgegen dem Zeitgeschmack vorsichtig verwandte Tiere gepaart, um die bewährten Erbanlagen eines Bairactar zu verdichten und zu potenzieren. Der Erfolg zeigte sich in einer wunderbaren Einheitlichkeit des Modells, der Gängigkeit und des Gesamttyps. Trotz allem testete der Gestütsherr immer wieder fremde Hengste an dem hohen züchterischen Niveau Weils, um Wag-

nisse auszuschalten. So kehrte 1836 der nach dem Orient abgeordnete Regimentsveterinär Dambly mit den Hengsten Abou Arcoub, Daham Obeyan, Tajar und einer Stute zurück. Sie waren nach Größe und Kaliber ausgesucht, konnten sich aber im Gestüt nicht halten. Eine Reihe weiterer Hengste und Stuten bereicherten den Bestand, aber die Mißgriffe waren zahlreicher als die Treffer. Das beständige Element blieben die durch gezielte Inzucht auf Bairactar konsolidierten Generationen.
Hervorragende Hippologen bestätigten den Glanz der Weiler Zucht, und die Monarchen Europas horchten auf. Die Leiter berühmter Gestüte aus Österreich, Ungarn

Bild 21. Den Gipfel seines Ruhms erreichte Weil 20 Jahre nach dem Tod seines Gründers mit dem Hengst Amurath im Jahre 1881. Sein Pedigree zeigt den kunstvollen Blutaufbau der Weiler Zucht auf bewährtes Blut, das beständiges Element war, in welches gelegentlich neu zu erprobendes Blut eingeschoben wurde. Amurath 1881 ist wahrscheinlich der Hengst, der die größte Verbreitung in der Welt gefunden hat.

(Bábolna, Radautz), aus Polen, Rußland und anderen Ländern drängten sich in Weil. Von Jahrzehnt zu Jahrzehnt nahm Weil einen glanzvolleren Aufstieg. Flade sagt: »Weil war ein Jahrhundert lang die bedeutendste Araberzuchtstätte des europäischen Kontinents und beeinflußte darüber hinaus die Zucht der ganzen Welt!«

Mitten in diesem Höhenflug schloß 1864 der Züchter auf dem Königsthron die Augen. Der Quell arabischen Blutes aber sprudelte ergiebiger denn je. Er erreichte 17 Jahre später seinen absoluten Höhepunkt in dem 1881 geborenen Schimmelhengst Amurath, der den Ehrennamen Weil erhielt. Dieser Hengst Amurath-Weil, der 1891 nach Radautz kam, hatte »Weltformat« (Loewe). Wie ein Feuerwerk versprühte er die in ihm angesammelte, geballte Erbkraft der Weiler Araber. Seine Söhne Amurath I und Amurath II und viele Enkel haben die Pferdezuchten Österreich-Ungarns, Jugoslawiens, Polens, aber auch die Landespferdezuchten in Hannover und Schleswig-Holstein bereichert und zum Teil eigene Blutlinien begründet. Es spricht für sich, wenn Amurath bis zu seinem 25. Lebensjahr deckte und in Radautz 315 Nachkommen, darunter zwei Hauptbeschäler, 61 Landbeschäler und 71 Mutterstuten hinterlassen hat. Er war bis zum 30. Lebensjahr fruchtbar.

Aber die Zeiten ändern sich und mit ihnen die Ansprüche des Menschen an die Pferde. Der Araber hatte beinahe ein volles Jahrhundert seine wertvolle Erbkraft gespendet und eine solide Grundlage für die Reitpferdezucht bereitet. Das Militär und auch der wachsende Pferdesport verlangten zunehmend größere Pferde mit längeren Linien, die in allen Disziplinen mit mehr Gleichgewicht, größeren Springleistungen und angenehmeren, ausgiebigeren Reiteigenschaften aufwarten konnten. Das Englische Vollblut – der größere Bruder – kam in Mode und löste den Araber ab. Die arabische Zucht verlor von 1890 ab an Marktwert und Bedeutung. In Weil fehlte der Absatz, und so schwand die finanzielle Grundlage. Man hatte auch die bewährte Inzuchtmethode als unmodern verlassen. Die Hengste wechselten zu rasch, kaum konnte ein Hengst seine Qualität zeigen, so löste ihn schon der nächste ab, dem es auch nicht besser ging. Die Einheitlichkeit des »Weiler Typs« litt unter dem dauernden Wechsel, und der Ruhm Weils verblaßte. In der Wirtschaftskrise nach dem Ersten Weltkrieg wurde das Gestüt für die Tochter des letzten Königs, Fürstin Pauline von und zu Wied, zu einer untragbaren Last. Trotz aller Sorgen erkannte sie, daß nur ein klassischer Beschäler einen züchterischen Aufschwung bringen konnte, wenn das stolze Weil mit dem Erbe eines Bairactar, eines Amurath 1829, eines Amurath-Weil 1881 gerettet werden sollte. Mit Hilfe von Raswan, dem Araberkenner, gelang es ihr 1930 unter Aufbietung der letzten Mittel, den Hengst Jasir zu erwerben. So hat sie sich große Verdienste erworben. Nun konnte die alte Tradition mit edelstem Blut wieder aufgegriffen werden. Jasir, ein Kohaylan Jellabi-Schimmel, stammte aus dem Gestüt Manial des Prinzen Mohammed Ali auf der

Insel Roda in Kairo. Er galt als einer der fünf besten Hengste der damaligen Zeit (Bauer) und wurde der überragende Hauptbeschäler in der Zeit von 1930–1947.

Die Folgen des Ersten Weltkrieges mit Inflation und Wirtschaftskrise veranlaßten die züchterisch hochbegabte Fürstin zur Übereignung des Gestütsbestandes an den Württembergischen Staat. Im Jahre 1932 nahm der damalige Leiter von Marbach, Landoberstallmeister Storz, Jasir mit neun Stuten, drei Hengst- und vier Stutfohlen in seine Obhut. Das härtere Klima auf der Schwäbischen Alb in 700 m Höhe war eher ein Vorteil gegenüber dem milderen im Neckartal. In der neuen Heimat gediehen die Pferde prächtig, doch die Sorge um den Absatz drückte Marbach erheblich. Die Erlöse konnten die Aufwendungen nicht decken. Anerkennend darf gesagt werden, daß das Land Württemberg es in den düsteren Jahren vor und während des Zweiten Weltkrieges an Unterstützung nicht fehlen ließ. Mit dem Verkauf von Jasir im Jahre 1948 stürzte die Araberzucht in eine tiefe Krise. Keiner seiner Söhne konnte ihn ersetzen. Sie waren verschleudert worden, um der finanziellen Nöte Herr zu werden. In der Zeit nach dem Zweiten Weltkrieg konnte ein geeigneter Hauptbeschäler nicht beschafft werden.

Eine Epoche der Not begann. Der als Überbrückung eingestellte Hengst Ahmet von Ali aus dem Gestüt Röblingen wurde wegen einer einzigen englischen Vollblutstute im Pedigree disqualifiziert und fand keine internationale Anerkennung. Sechs Jahrgänge waren verloren, die Stuten waren sechs Jahre älter geworden und ein ebenbürtiger Hengst in den Nachkriegsjahren noch nicht in Sicht. Die Zucht hing am seidenen Faden. Unter den Hunderttausenden von Flüchtlingspferden, die nach dem Westen kamen, waren zwei Araberhengste aus Polen. Der eine, Wind von Ofir und der Jaga II, war in Ostfriesland gestrandet. Er konnte mit Hilfe des großen Araberfreundes Ernst Bilke gegen einen Jasir-Sohn nach Marbach vermittelt werden. Leider war Winds Tätigkeit in Marbach nur von kurzer Dauer, er erkrankte und verendete bald.

Ein anderer Hengst, Halef = Towarzysz Pancerny, ein Sohn des polnischen Enver Bey und ein Halbbruder des bekannten Beschälers Trypolis, war von Frau Gertrude Griesbach, der Besitzerin des Gestüts Achental in Grassau/Bayern, entdeckt und inzwischen Deckhengst geworden. In der größten Not konnte Halef mit Zustimmung von Frau Griesbach für Marbach gewonnen werden, damit die Generationskette nicht abreißen mußte. Halef hat insgesamt sehr gute Dienste geleistet und etwa ein halbes Dutzend sehr guter Töchter hinterlassen.

Bild 22. Aus dem erwartungsvollen, großen Auge des jungen, 2½jährigen Jasir leuchtet der hellwache Geist, der aristokratische Blick, das Feuer des zukünftigen Hengstes. Er ist wie eine Knospe, die nach Entfaltung, innerem und äußerem Adel, zu natürlicher Vollkommenheit drängt. Im Portrait Jasirs spiegelt sich trotz hohen Alters natürliches Selbstbewußtsein, verhaltene Kraft, Harmonie und Reife des bedeutenden Beschälers.

JASIR
1929
1948
DÖMKEN

Im Jahre 1949 wurde der Verfasser dieses Berichtes als Leiter des Haupt- und Landgestütes Marbach berufen. Nach eingehendem Studium hoffte ich tunlichst, die alte Weiler Tradition mit orientalischem Blut wieder aufnehmen zu können. Dem stand entgegen, daß bei den durch den Krieg abgebrochenen Beziehungen ein Erwerb im Orient vorläufig ohne Chance war, aber weit hoffnungsloser schien die bedrückende Gewißheit, nur noch drei im Matronenalter stehende Stuten aus altem Weiler Stamme zum Aufbau einer reinen Zucht zu haben.
Nach bangem Suchen und sorgfältigen Vorbereitungen war 1955 der Weg nach Ägypten frei. Es war gelungen, alte Beziehungen zu dem Leiter des ägyptischen Gestütes Kafr Farouk, später in El Zahraa umbenannt, aufzunehmen. General Tibor von Pettkö-Szandtner war zur Reorganisation der Pferdezucht nach Ägypten berufen worden. Von ihm konnte der damals dreijährige Schimmel Hadban Enzahi von Nazeer aus der Kamla von Sheik el Arab unter großen Schwierigkeiten erworben werden. Er schien nach Exterieur, Gangvermögen und nach seiner Abstammung geeignet, die Geschlechterkette in Marbach fortzusetzen und vor allem den Weiler Typ wieder zu festigen. Er hatte mit einigen Ahnen Blutanschluß an den unvergeßlichen Jasir, ein Umstand mehr, mich für den Hengst zu entscheiden. Nach einer an Überraschungen reichen Überfahrt bei 35 °C von Kairo nach Alexandria und über das Mittelmeer nach Venedig und einer Bahnfahrt bei erbärmlicher Winterkälte von −18 °C bezog Hadban im Dezember 1955 die Beschälerboxe in Marbach.
Mit Spannung wurden im Frühjahr 1957 die ersten Fohlen erwartet. Sie ließen aber noch keine zuverlässige Beurteilung zu. Erst nach dem dritten Jahrgang waren genügend Nachkommen vorhanden, um Hadbans züchterischen Wert zu schätzen. Schon jetzt war das Urteil gut, aber mit zunehmendem Alter wuchs er über sich selbst hinaus. Er war in der Tat ein Juwel.
Von 1956 bis 1974 war er Hauptbeschäler, mit dem in rund 20 Jahren die Marbacher Araberstutenherde in einer Qualität, Schönheit und Vollkommenheit aufgebaut werden konnte, wie sie seit den Glanzzeiten Weils nicht mehr vorhanden war. Insgesamt hat er etwa 125 Nachkommen bester Güte hinterlassen.
Heute sind Hadbans Nachkommen über die ganze Welt verstreut. In England, Holland, Frankreich, der Schweiz und Jugoslawien, in Übersee, Nord- und Südamerika, Südafrika und Australien machen sie seinem Namen und Marbach Ehre.
Wenn ich die Geschichte von Weil-Marbach so ausführlich erzählt und mein 25jähriges Wirken in Marbach erwähnt habe, so bitte ich das als Beispiel zu werten für die Gefahren, die einer nunmehr 160 Jahre alten Zucht gedroht haben, und für den persönlichen Einsatz, der notwendig war, um Höhen und Tiefen zu durchstehen.
Die Aufbauphase unter König Wilhelm I. von Württemberg ist ein Muster überlegter,

Bild 23. Das Haupt- und Landgestüt wurde 1932 zur Heimat für einen kleinen Teil der Weiler Araberherde. Auf der Schwäbischen Alb bei Reutlingen gelegen, bot Marbach für die arabischen Pferde neue Chancen.

gekonnter Zucht. Seine klaren Vorstellungen von dem Zuchtziel, seine konsequente Selektion, seine disziplinierten und »auffallend gebildeten« Gestütsbeamten ebneten den Weg zum Erfolg. Geist, Wille und züchterischer Wagemut des klugen, dem arabischen Pferde ergebenen Monarchen führten zu einem Höhenflug ohnegleichen. Über seinen Tod hinaus (1864) blieb seine Schöpferkraft lebendig; sie erreichte mit Amurath 1881 den Scheitelpunkt. Erst nach 20 Jahren begann sich die neue, ohne Passion, ohne klare Konzeption, ohne feines Gefühl für die Zucht begonnene Epoche der nachfolgenden Gestütsleiter auszuwirken. Bei anhaltenden Experimenten mit immer wechselnden Konzeptionen und Hengsten ging es rasch abwärts.

Erst Pauline, Fürstin von und zu Wied, vermochte 1930 der Zucht neue Impulse mit dem Ankauf des großen Hengstes Jasir zu geben. Sicher war es für sie schmerzlich, das angestammte Erbe einer staatlichen Instanz in Marbach anzuvertrauen. Und wiederum 20 Jahre später geriet die Zucht durch das Fehlen eines würdigen Beschälers im Zwei-

ten Weltkrieg an den Abgrund. Seuchenhaftes Verfohlen und das zunehmende Alter der Stuten dezimierten den Bestand auf wenige Stuten. Mit Glück gelang der Neuaufbau zu stolzer Höhe mit dem Hengst Hadban Enzahi. 20 Stuten umfaßt heute die Stutenherde.
Die Araberzucht und ganz allgemein die Pferdezüchter mögen daraus entnehmen: Nur passionierten Züchtern ist Erfolg vergönnt. Für Auch-Züchter mit halbem Herzen ist das Leben zu kurz und der Einsatz zu groß! Aber einer beharrlichen Verfolgung eines klaren und langfristig angelegten Zuchtzieles winkt der Fortschritt!

Der Verband der Züchter des arabischen Pferdes in Deutschland

Über das ganze Bundesgebiet waren und sind die privaten Araberzuchten verstreut. Der erste Zusammenschluß zur stutbuchmäßigen Erfassung erfolgte 1949 auf Anregung von Oberlandstallmeister Dr. Rau und des Araberexperten Ernst Bilke. Eine Handvoll Züchter gründete die »Gesellschaft der Züchter und Freunde des arabischen

Pferdes«. Um die junge Organisation haben sich besonders die Züchter Frau Gertrude Griesbach, Gestüt Achental/Grassau, Bayern, Fürst zu Innhausen und Knyphausen, Gestüt Lütetsburg/Ostfriesland; Frau Jaffe-Stahmer, Gestüt Osthoff/Osnabrück; Wilh. C. Hansen, Gestüt Beimoor, jetzt Delingsdorf/Ahrensburg; Anton ter Hazeborg, Gestüt Friesenhof/Plön, und Dr. Entress, Nürtingen/Württ., verdient gemacht. Eine enge Zusammenarbeit verband mich als Leiter des Haupt- und Landgestütes Marbach/Württ. mit diesen Gründungsmitgliedern.
Mit Mühe und Idealismus wurde in Einzelentdeckungen der Anfangsbestand an Stuten und einigen Hengsten zusammengetragen. Es waren 32 Tiere, Marbach nicht inbegriffen.
Schon 1949 fand die erste deutsche Araberschau in Frankfurt statt. Sie erregte zu dieser Zeit großes Aufsehen, weil sie eines der ersten Zuchtereignisse nach dem Kriege war.
Die Organisation wuchs stetig, 1966 waren 20 Hengste und 80 Mutterstuten eingetragen, und 1969 zählte man schon 36 gekörte Hengste und 118 Vollblutstuten. Nach Dr.

Zu den Bildern 24 (links) und 25 (unten): Marbach, in 650 m Meereshöhe gelegen, hat kalte, schneereiche Winter und kurze, aber heiße Sommer. Eine harte Aufzucht liegt in der Tradition Marbachs. Hier oben wächst ein gesundes Pferdegeschlecht sowohl bei Arabern als auch bei Warmblutpferden.

Sänger betrug der Bestand im Mai 1978 189 Hengste und insgesamt 432 Vollblutstuten. Daneben hatten sich auch die Araber- und die anderen Zuchtbuchabteilungen beträchtlich vermehrt. Der Verband führt ein Stutbuch mit folgenden Abteilungen:

1. Arabisches Vollblut (AV). Zuchtziel ist die Reinerhaltung des arabischen Blutes im edelsten Arabertyp.
2. Araber (H) – früher Araberrasse. Zuchtziel ist ein im Reittyp stehendes Pferd orientalischer Abstammung mit größerem Rahmen.
3. Anglo-Araber (AA). Zuchtziel ist ein edles, leistungsfähiges Reitpferd, das die positiven Eigenschaften vom Arabischen und Englischen Vollblut vereint.
4. Anglo-arabisches Halbblut (AAH). Zuchtziel ist ein edles und leistungsfähiges Reitpferd, das mindestens je 25 Prozent englisches und arabisches Blut enthält.
5. Vorbuch Partbreds (V). Sie müssen mindestens 75 Prozent AV oder A oder AA Blutanteile haben.

Tragende Säulen sind die Abteilung für AV-arabisches Vollblut und H-Araber mit zur Zeit etwa 1200 eingetragenen Pferden.

Nach der Zuchtbuchordnung des Verbandes erstreckt sich die züchterische Arbeit auf:

1. Zuchtstuten – Aufnahme und Eintragung in das Stutbuch, Erfassung der Körpermaße (Bestmaße: Widerrist-Stockmaß 148 bis 152 cm; Röhrbeinumfang ca. 17 cm). Erfassung ihrer jährlichen Nachzucht und Bewertung auf Regional- und Landesschauen sowie Beratung und Ausstellung der Deck- und Fohlenscheine.
2. Zuchthengste – Mitarbeit bei der behördlich durchgeführten Körung. Zulassung der Vatertiere; Erfassung und Bewertung der Nachkommenschaft. (Bestmaße für ausgewachsene Hengste: Widerrist-Stockmaß 151 bis 155 cm; Röhrbeinumfang ca. 18 cm.)

Zu 1. Über die Zuchtwürdigkeit der Stute wird bei jungen, d. h. drei- und vierjährigen Stuten durch eine Kommission des Verbandes entschieden. Genügt eine Stute den Anforderungen, so erfolgt ihre Eintragung in das Stutbuch. Die ins einzelne gehende Beurteilung wird neben der Abstammung schriftlich festgehalten, wobei Vorzüge ebenso wie Mängel im Exterieur für die Vererbung wichtig sind.

Diese Grundbeurteilung wird im Laufe der Jahre ergänzt durch Angaben über die Qualität ihrer Fohlen, über die bei Schauen und Prämiierungen erzielten Erfolge, sowie über die Ergebnisse bei Leistungsprüfungen.

Zu 2. Ungleich schärfer ist die Auswahl bei den Hengsten. Vom Hengst ist ein größerer genetischer Einfluß zu erwarten, weil er mehr Fohlen produziert. Es würde den Rahmen dieser Ausführungen überschreiten, alle züchterischen Aspekte und Erwägungen zu behandeln. Natürlich spielt ein funktionsgerechtes Exterieur, korrektes und ausgiebiges Gangvermögen, Charakter, Reiteignung und Futterverwertung eine große Rolle. Am wichtigsten ist aber die Leistungsprüfung, die eine Voraussetzung für die Körung der Hengste ist. Es herrscht Übereinstimmung unter den Pferdeexperten, daß die Nachkommenschaftsprüfung der beste Weg zur Erfassung des erblichen Leistungsvermögens der Hengste wäre. Aus verschiedenen, besonders wirtschaftlichen Erwägungen ist sie nicht durchführbar. Es muß züchterisches Gewicht mit wirtschaftlich tragbaren Methoden in Einklang gebracht werden. Nach dem heutigen Stand ist das die Eigenleistungsprüfung der Hengste.

Auf Grund des Gesetzes über die tierische Erzeugung in der Bundesrepublik Deutschland vom 26.4.1976 verlangt der Staat eine Vorprüfung von 100 Tagen in einer anerkannten Hengstprüfungsanstalt für alle Hengste. Es ist eine Prüfung unter dem Reiter und sieht spezielle Beurteilungen für die Eignung in allen Reitdisziplinen vor.

Die Zuchtleitung legt größten Wert auf die Leistungsprüfung, damit die Leistungsfähigkeit der Rasse erhalten bleibt. Zur Zeit werden die in der Reitpferdezucht üblichen Methoden auf den Araber übertragen. Sie haben ihre endgültige Form noch nicht gefunden, sind aber schon ein brauchbarer Maßstab zur Beurteilung der Leistung eines Hengstes. Der Natur des Arabers entsprechen lange Distanzprüfungen mehr als Kurzleistungen. Nach polnischem Muster wurde vor drei Jahren eine Renngesellschaft ins Leben gerufen und 1977 das erste Galopprennen in Dortmund durchgeführt. Anläßlich der Tagung der Weltaraberorganisation in Hamburg im Oktober 1978 veranstaltete sie ein gelungenes nationales und internationales Rennen, das sicher ein notwendiger Versuch und eine Ergänzung zu den Langstreckenprüfungen war, wie sie zum Beispiel in Ankum 1969 und an anderen Orten bereits durchgeführt wurden. Letztere haben in der Konkurrenz mit Reitpferderassen die Leistungsfähigkeit des Arabers eindrucksvoll bestätigt.

Abstammungsmäßig ist die deutsche Araberzucht der älteren Gestüte stark von den Weil-Marbacher Linien, wie Bairactar, Amurath und Jasir, beeinflußt. Seit den fünfziger Jahren haben sich ägyptische Blutlinien stark in den Vordergrund geschoben. Das ist aus der folgenden Aufstellung ersichtlich (Stand 1978).

Stammhengst:		Söhne in Deutschland	gekörte Enkel
Nazeer von Mansour	Hadban Enzahi	18	14
aus der Bint Samiha	Ghazal	12	1
geb. 1934 in	Kaisoon	13	
Ägypten	Galal	2	
	Morafic	7	

Außerdem sind noch eine Anzahl Nazeer-Nachkommen vorhanden, deren Väter im Ausland stehen.

Aber auch polnische Linien haben sich stark vermehrt. Aus der Enver Bey-Linie sind weit verbreitet die Hengste Halef, Hadif, Haladin, Hassan, Kalif (Achental), und von der Ofir-Linie spielen eine bedeutende Rolle die Hengste Wisznu, Karmin, Wind, Daikir, Jobal und Rustan.

Eine interessante Aufstellung über die Herkunft nach Vätern hat Sänger gegeben. Von den 1966 eingetragenen 215 Vollblutarabern – 20 Hengsten, 80 Stuten, 35 Jungstuten und 80 sonstigen – gehören 52 deutschen (Weiler) Linien an, 61 haben originalarabische Väter und 82 entstammen polnischen Vaterlinien. Vier haben Väter aus Argentinien, drei aus Jugoslawien, zwei aus Ungarn und neun sind aus verschiedenen Ländern. Es bedarf keiner Erklärung, daß die Palette recht bunt, wenn nicht zu bunt geworden ist. Zwar ist die Erbbasis verbreitert, aber es bedarf m. E. einer Konsolidierungsphase und einer Einschränkung mittelmäßiger Importe, um mit Qualitätsarabern einen Anteil im Export zu gewinnen. In der Bundesrepublik werden 1979 204 gekörte Hengste genannt einschließlich Marbach. Seit 1966 haben sich die Vollbluthengste auf das zehnfache vermehrt! Bei einem solchen Wachstum kann nicht alles gut sein! Nur Qualitätszucht hat eine Chance auf dem Markt, daher sind schärfere Maßstäbe bei den Körungen eine Lebensfrage und Voraussetzung für den Fortschritt.

Ratschläge zur Zucht

Böse Zungen sagen, man solle mit Araberfreunden nicht über Zucht reden. Sie seien allesamt Individualisten und haben feste eigene Vorstellungen. Abgesehen davon sei es nutzlos, Menschen ihre Glücks-Träume zu nehmen, man könne sich dabei leicht ihren Unwillen zuziehen. Aber Träume und Schwärmerei reichen zur Zucht nicht aus. Ein solcher Schritt muß reiflich überlegt werden, weil aufflammende Begeisterung allein nicht genügt. Zum Gelingen müssen viele Voraussetzungen erfüllt sein, wenn nicht folgenschwere Enttäuschungen entstehen sollen. Es gibt Beispiele genug, wo gute Absicht und Tierliebe zu einem leidlichen Bestand führten, aber nicht zum züchterischen Erlebnis. Das Ergebnis ist nicht Zucht, sondern nur Vermehrung, die zur Last für den Besitzer wurde. Leider gibt es für die vielen guten Araber viel zu wenig Menschen, die mit

Bild 26. Das Frühjahr ist die hohe Zeit des Pferdezüchters. Jedes Jahr wächst ein neuer Jahrgang heran. Da kommt die Stunde der Wahrheit, ob die Wahl der Paarung richtig oder falsch war.

edlen Tieren umgehen können. Wer Züchter ist, muß Verantwortung für das Schicksal seiner Pferde übernehmen. Züchten ist verantwortliche Teilnahme am Schöpfungsgeschehen. Es ist ein Verbrechen, edle Pferde späterem Elend auszusetzen. Ihre Seele wird zerbrechen.

Richtig verstandene Tierliebe orientiert sich an der Natur. Das Pferd ist ein Steppentier; es zu verzärteln, es zum Spielzeug herabzuwürdigen, ist widersinnig. Ein Vorgarten mit einem Fleckchen Parkrasen ist kein Lebensraum für ein Pony, noch viel weniger für einen edlen Araber, der auch einmal frei dahinstürmen können muß. In ihm lebt noch eine Ahnung von der Weite der Wüste; Freiheit und Bewegung sind sein Lebenselement, ohne die er seelisch und körperlich verkümmert.

Die Stallanlage ist Voraussetzung für die Zucht, die mit der Beschaffung der Zuchtpferde beginnt. Es ist nicht so, daß teure Pferde auch immer gut sein müssen. Die beste Gewähr sind gute Stutenfamilien mit Erfolgen der Geschwister und anderer Angehöriger. In unserer schnellebigen Zeit lohnt es sich nicht, geduldig und mit langwieriger Zuchtarbeit billiges Durchschnittsmaterial bis zu einem zufälligen Erfolg stufenweise veredeln zu wollen. Dieser Optimismus wird enttäuscht, weil man die Rückschläge gleich mitkauft. Nur überdurchschnittliche Qualität hat Zukunft, denn sie wird immer begehrt und verkäuflich sein. Es ist eine leider zu wenig beachtete Binsenwahrheit, daß sich gute und schlechte Eigenschaften vererben. Von den positiven spricht man später nicht, um so mehr von den Mängeln, wie zum Beispiel wenig Arabertyp und unharmonische Proportionen. Leider werden Fundamentmängel, wie verdrehte Fesseln, schwache Gelenke und Gangfehler, hartnäckig weitergegeben. Das Wagnis jeder Zucht ist auch ohne sichtbare Fehler noch groß genug, weil man immer damit rechnen muß, daß sich erblich verdeckte Defekte von Ahnen herausspalten können. Unabdingbar ist ein gesundes, harmonisches und funktionstüchtiges Exterieur, gute Bewegungen, ruhiges, gelassenes Wesen, das den Eindruck einer Pferdepersönlichkeit hinterläßt.

Beim Pferdekauf, Augen auf! Wer nicht draufzahlen will, der prüfe kritisch und lasse sich durch einen Fachmann beraten. Man hüte sich vor einem Dilettanten, der alles weiß! Trotz aller Kenntnis und Vorsicht gehört zu jedem Kauf Glück. Selbst der behutsamste Kauf gibt noch keine Gewähr zum Beispiel für Fruchtbarkeit im neuen Stall oder Akklimatisierung.

Häufig bedenkt der neue Besitzer zu spät, daß eine Zucht schneller wächst als man denkt und Jahr um Jahr mehr Raum braucht und vor allem Arbeit macht, besonders dann, wenn die Nachfrage zeitweilig nachläßt. Wie oft werden Pferde für eine Familie bei entwachsenden Kindern eine drückende Belastung. Da ist eine weitsichtige Zeit- und Arbeitsplanung nötig, denn die Pferde verlangen regelmäßige Pflege- und Futterzeiten, sie haben wenig Verständnis für ein freies Wochenende.

Es ist auch nützlich, im voraus besondere Fälle in der Familie durchzusprechen: Was passiert zum Beispiel, wenn ein Tier aus Raumnot abgegeben werden müßte, eine Stute mit besonders liebem Wesen aber das Herz eines Familienmitgliedes erobert hat? Oder was ist, wenn der Tochter zum zehnten Geburtstag ein Pferd versprochen wurde und das nicht eingehalten werden kann? Es entwickeln sich da oft Zeitbomben, die ticken und früher oder später explodieren, das Familienleben stören und die Freude an der mit soviel Passion begonnenen Zucht zur bitteren Enttäuschung wird. Wieviel Geld und beste Pferde sind auf diese Weise schon verdorben.

Ein anderer Hinweis: Pferde müssen täglich bewegt und geritten werden. Und das zu jeder Jahreszeit und bei jeder Witterung. Der Sohn oder die Tochter geht aus dem Haus, oder die Hoffnung auf schnelle Turniererfolge wird enttäuscht. Der Araber ist zwar ein gutes, angenehmes Reitpferd, aber er ist kein Spezialpferd für Springen und Dressur. Er liebt das Gelände mehr als den abgesteckten Dressurplatz! Dafür ist er ein ideales Familienpferd. Es ist auch an das Engagement im Zuchtverband zu denken mit Leistungsprüfungen, Teilnahme an Schauen, Prämiierungen. Das kostet Zeit und Geld. Und endlich muß die Stute gedeckt werden. Wo sind die in Frage kommenden Hengste? Wie kann der Transport dorthin erfolgen? Welcher Hengst ist der richtige? Und es ist früh daran zu denken: Wo ist die Boxe für die Mutterstute zum Abfohlen? Nach elf Monaten Trächtigkeit erwartet die Familie gespannt das Fohlen.

Der Züchter muß den Sexualzyklus der Stute nicht nur kennen, sondern ihn beobachten. Die Natur hat es so eingerichtet, daß die Stute jedes Jahr einmal abfohlt. Da die Tragzeit 336 Tage, also etwa elf Monate beträgt, kann sie am neunten Tage nach der Geburt belegt werden. Besser ist es, eine Brunstperiode (21 bis 28 Tage) abzuwarten. Die Rosse selbst dauert fünf bis sieben Tage, wobei die Begattung am sichersten zwischen dem dritten und fünften Tage erfolgt. Tausend Fragen kommen auf den Pferdehalter zu. Sie fordern Entscheidungen. Zucht macht das Leben reicher, interessanter. Mit Pferden leben bedeutet mehr Höhen, mehr Tiefgang, mehr befreiendes Improvisieren, aber auch mehr Sorge und Verpflichtung.

Praktische Zuchtwahl

Bei der praktischen Zuchtwahl geht es darum, aus den vielen Möglichkeiten der Verbindung von Hengst und Stute die erfolgversprechendste Anpaarung auszuwählen. Zunächst muß man sich über die Qualität der eigenen Stuten klarwerden, sie also recht kritisch beurteilen. Erst danach kommt die Wahl des geeigneten Hengstes, was oft zu oberflächlich und zu übereilt geschieht.

Das Züchten ist ein intuitives Abwägen von Vorzügen und Mängeln. Wiegen die Vorzüge des einen oder anderen Partners bei der Paarung die Mängel äußerer und innerer Fehler auf? Es gibt da tausend Überlegungen, zum Beispiel wird man eine kleine, leichte, edle Stute mit einem sehr männlichen, im Körperbau kräftigen und mindestens in der Größe gut durchschnittlichen Hengst anpaaren. Das alte Prinzip, Bestes mit Bestem zu paaren, ist topmodern. Hengste bringen durch die gesetzliche Körung ein hohes Niveau mit, was den Züchter jedoch nicht eingehender Erwägungen enthebt. Die Hengste haben ihren Eigenwert in bestimmten Merkmalen und müssen »passend« zur Stute ausgewählt werden. Dem Züchter obliegt es, die in der Nähe erreichbaren Hengste an Hand seines eigenen Urteils und ihrer bereits vorhandenen Nachzucht zu prüfen und dabei jede sich überhaupt bietende Möglichkeit zu Informationen über Abstammung, Vorfahren, Charakter, Vererbung, auszunutzen. Man muß zum Beispiel lernen, daß man das stark gesäbelte Hinterbein einer Stute mit der normalen Hintergliedmaße eines Hengstes korrigieren kann, ebenso wie man andererseits ein gerades, stuhlbeiniges, den natürlichen Schwung beeinträchtigendes Hinterbein durch ein tadellos gebautes verbessern kann. Kurz, man darf zum Züchten nicht den erstbesten Modehengst nehmen oder sich nach Klischees richten, die auf dem Markt der Meinungen so billig sind, sondern nach eigenen Beobachtungen und Überlegungen. Deshalb ist der beharrliche Beobachter auch stets der erfolgreichste Züchter. Deshalb wird ein Züchter eine geglückte Paarung wiederholen. Häufiger Hengstwechsel bringt keine Vorteile.
Welche Zuchtmethoden gibt es? Sie sind sehr einfach beim Araber, weil er als einzige Rasse nicht durch Kreuzung entstanden ist. Also ist Reinzucht innerhalb der Rasse die artgemäße und richtige Zuchtmethode. Das uns vorschwebende Zuchtziel des Wüstenarabers ist zeitlos, auch darüber kann es keinen Streit geben, ebensowenig wie darüber, daß das edelste, reinste Blut bei gleichen Eigenschaften einem weniger guten, lückenhaften Pedigree vorzuziehen ist. Eine Zucht nur nach dem Pedigree, nach klangvollen Namen, nach bekannten Ahnen, aber ohne persönliche Beurteilung von Hengst und Stute ist nicht kalkulierbar und selten glücklich. Das Züchterauge ist in der Pferdezucht unentbehrlich. Man kann bestimmt nichts Gutes erwarten, wenn zwei Individuen angepaart werden, die sich in Typ und Körperbau extrem unterscheiden. Das Ergebnis kann nur eine unharmonische Mischung sein. Dabei braucht man mäßige Verwandtschaftszucht nicht scheuen, weil die Regel: »Paare möglichst mit Ähnlichem« immer richtig ist. Die Paarung verwandter Tiere, d. h. eine mäßige Inzucht, hat in der Vergangenheit verschiedene Wertungen erfahren. Im allgemeinen mied man Inzucht als verwerflich und schädlich. Die Beduinen jedoch übten sie ohne Bedenken bei Mensch und Tier. Sie wußten, Inzucht merzt vorweg das Kranke und Schwache aus, es überlebt nur das Gesunde, Starke. In Europa kannte man diese Gesetze nicht, und es ging viel wertvolles

Erbgut durch Kreuzungszucht verloren und degenerierte. Richtig mit Überlegung angewandt, können wir auf Inzucht in der Araberzucht nicht verzichten. Sie ist ein Verfahren, um gutes Erbgut zu verdichten, es für längere Zeit wirksam zu erhalten und dadurch der Reinheit unserer Zuchten näherzukommen. Ein Beispiel: Der exzellente Jasir wurde in Marbach nicht zur Inzucht verwendet. Sein Erbgut verdünnte sich nach zwei Jahrzehnten so stark, daß kein Sohn, kein Enkel während des Krieges und in der Nachkriegszeit (1939–47) greifbar war, der rettend seine Lücke hätte ausfüllen können.

Ich stelle das hier so ausführlich dar, weil ich nach 1949 als verantwortlicher Gestütsleiter in Marbach die drückende Sorge um einen Beschäler für die wenigen Weiler Stuten erfahren habe. Wie schnell war die älteste Araberzucht der Welt außerhalb Arabiens dem Untergang nahe! Mit Zögern und Bangen wagte ich 1955 mit dem von mir in Ägypten erworbenen Hengst Hadban Enzahi einen Inzuchtversuch. Es war ein Wagnis, der Versuch konnte zum Guten wie zum Bösen, zu Erfolg oder Fall ausschlagen. Aber eine ähnliche Notlage durfte nicht wieder eintreten!

Es gelang! Schon das erste Fohlen befreite uns von der Spannung, und es folgte eine Serie von etwa 50 Inzucht- und sogar Inzestprodukten, denen Hadban Enzahi unverkennbar den Stempel der Wüste aufdrückte und der Marbacher Herde bei Hengst- wie Stutfohlen neuen Glanz, reinen Typ, Harmonie und Bewegungslust verlieh. Die heutige Herde ist ein einziger Block an reinem Nazeer-, Sheik el Arab-Blut, gepaart mit Weiler Zuchtlinien, der Zuversicht für die Zukunft bietet, wenn er mit Verständnis eingesetzt wird.

Gute Stuten vorausgesetzt, bedeutet das, daß auch der kleine Züchter nach sorgfältiger Überlegung nicht ängstlich zu sein braucht, wenn er einen ausgezeichneten, aber verwandten Hengst verwenden will. Gegen eine Halbgeschwisterpaarung ist nichts einzuwenden, aber noch engere Inzucht sollte er vermeiden, weil das Wagnis rasch wächst.

Immer werden die Gedanken des Züchters um seine Fohlen kreisen, die Arthur-Heinz Lehmann in die Verse kleidet:

Sankt Georg, heil'ger Reitersmann,
Fürspruch der Hengste und der Stuten,
Ich flehe Dich von Herzen an:
Hilf Du auch mir zum Guten.
Mein Blut stockt mir, voll Angst schon klamm,
So sei mein Sorgen Dir empfohlen:
Der Stute aus dem alten Stamm
Schenk heut ein bestes Fohlen!

Hinweise zur Haltung, Fütterung und Gesundheit

Das Pferd ist ein Tier der Steppe. Der Araber atmet die Weite, und man ist stets auf dem richtigen Wege, wenn man sich in allen Fragen die Antwort in der Natur holt. Das bedeutet, es bedarf keiner luxuriösen Ställe, aber sie sollen hell, trocken und luftig sein und Bewegung bieten. Bei einer Neuanlage soll man heute besonders an Arbeitsersparnis denken. Daher ist der Laufstall mit einer Strohmatraze für Fohlen und junge Pferde die beste und einfachste Aufstallung (Bild 27). Dazu gehört auch ein genügend großer Auslauf, wo sich die Pferde in der schlechten Jahreszeit tummeln können. Leider verkommen diese Tummelkoppeln oft zu Brutstätten von Ungeziefer, Parasiten und Würmern. Sie müssen deshalb gepflegt werden, denn die Verwurmung grassiert in vielen kleinen Zuchten und richtet stets größere Schäden an, als man meint. Wenn möglich, soll der Kot aufgesammelt und kompostiert werden. Sonst kann man größere Schäden verhüten durch häufiges Abeggen. Zum Winteranfang düngt man mit Ätzkalk ab und am Ende des Winters mit Kalkstickstoff.
Eine Zucht ohne genügende Weidefläche wird nur halbe Erfolge bringen. Futter läßt sich zwar ersetzen, niemals aber die Bewegung. Ein Übel in der Weide sind die Geilstellen. Sie schmälern nicht nur den Ertrag, sondern sind Infektionsquellen für Krankheiten. Eine Weide muß nach jedem Abweiden ausgemäht und gegebenenfalls im Sommer leicht mit Volldünger nachgedüngt werden. Man vermeide jedoch hohe Stickstoffgaben. Das krautige, stark wasserhaltige Gras bekommt den Arabern nicht. Bekömmlicher ist altes, überreifes, zellulosehaltiges Gras. Man düngt deshalb im Spätherbst und gibt je Hektar 400 kg Thomasschlacke, 250–300 kg 40prozentiges Kali und 200 kg Kalkstickstoff als Grund- und Vorratsdüngung.
Gerade bei knappem Weidegelände ist eine konsequent durchgeführte Hygiene für die Tiere und die Weide wichtig. Es hat sich gezeigt, daß die früher übliche Frühjahrs- und Herbstentwurmung nicht genügt. Sie muß unter Zuziehung des Tierarztes besonders bei Fohlen sechs- bis achtmal durchgeführt werden. Die natürlichste Fütterung in der warmen Jahreszeit ist die Weide. Ist sie genügend, vielseitig gedüngt und gepflegt, dann muß ein ausgewachsener Araber ohne Kraftfutter auskommen. Beim Frühjahrsaustrieb verabreicht man zur Auftrocknung des stark wasserhaltigen Graswuchses etwas Heu oder besser Hafer- oder Weizenstroh. Übrigens, wer das ganze Jahr etwas Stroh füttert, der hat gesunde Pferde. Das Pferd braucht Zellulose zu einer geregelten Verdauung.

Die Fütterung soll beim ausgewachsenen Araber eher zu knapp als zu üppig sein, besonders dann, wenn nur geringe körperliche Leistungen verlangt werden. Abgesehen davon, daß die Tiere ihre Klarheit in den Konturen, ihre Härte und Schönheit verlieren und molsch werden, schadet besonders Überfütterung mit stark eiweißhaltigem Futter. Es gibt Hautkrankheiten, Mauke und Raspe an den Beinen, Verdauungsstörungen, Durchfall, zuweilen sogar Koliken. Ich habe immer wieder feststellen müssen, daß kleine Züchter im guten Glauben oft des Guten zuviel tun. Man kann und soll gut füttern, wenn außergewöhnliche Leistungen unter dem Reiter oder im Gespann verlangt werden. Aber wo ist das der Fall? In vielen Betrieben pendeln die Pferde nur noch zwischen Stall und Auslauf. Sie führen ein ungesundes Leben, weil ihnen die Bewegung fehlt bei zu reichlichem Rauh- und Kraftfutter. Sie setzen Fett an, werden rund und bekommen eine verwaschene Silhouette. In Gebieten mit hoher Luftfeuchtigkeit besteht die Gefahr des Dämpfigwerdens, eine beim Araber abstruse und zum Glück seltene Erscheinung! Für unsere Araber sind eine Stunde Reitdienst am Tag und am Wochenende zwei oder drei keine Leistung, da verlieren sie ihre besten Eigenschaften.

Oft wird die Frage nach der Mineralstoffversorgung gestellt. Wenn gutes, unberegnetes

Bild 27. Ein Laufstall gibt den Pferden Bewegungsfreiheit, schafft Wohlbehagen, und sie erziehen sich gegenseitig, außerdem wird Arbeit eingespart. Allerdings sind die Baukosten ziemlich hoch.

Heu von gut gedüngten Wiesen zur Verfügung steht und als Kraftfutter Hafer und Gerste oder auch einmal ein Mischfutter gegeben wird, leidet ein Araber nicht. Bei seiner intensiven Verdauung vermag er aus dem Futter mehr zu holen als andere Rassen. Wer es besonders gut meint, kann im Winter die im Handel erhältlichen Mineralstoffbriketts verabreichen. Ich bin aber grundsätzlich gegen eine Fütterung aus der Apotheke, besonders bei Zuchtpferden. Dem Pferd ist damit nicht gedient, wohl aber dem Verkäufer!

Über Haltung, Putzen und Frisieren gibt es genug Anleitungen. Ein Wort aber zur Hufpflege, weil sie oft im argen liegt. Der Araber hat eisenharte Hufe, und das Hufhorn wächst in einem Monat etwa 8 mm nach, deshalb sollten die Hufe alle zwei Monate überprüft und mit der Hufraspel berundet werden. Nur in Ausnahmefällen ist ein Beschlag im Abstand von acht bis zehn Wochen nötig. Sehr wichtig ist die Hufpflege beim Fohlen, bei dem der Abrieb kontrolliert werden muß. In den ersten fünf bis sechs Monaten kann eine fehlerhafte Stellung der Fesseln und Hufe noch korrigiert werden, was den Wert und die Gebrauchsfähigkeit des Pferdes erhöht. Später ist jeder Versuch vergebens.

Fohlen müssen von Anfang an täglich an das Aufheben der Hufe gewöhnt werden. Es gehört zu einer sachgemäßen Erziehung, zur Festigung des Vertrauens, zur Umgänglichkeit und Gesunderhaltung der Gliedmaßen. Vernachlässigung bringt Dauerschäden. Ebenso wichtig ist es, das Fohlen spätestens mit vier Monaten an das Halfter zu gewöhnen.

Der Araber, ein hochorganisiertes Wesen, will artgerecht behandelt werden. Die Araberzüchter sind bekanntlich Individualisten, und jeder will es recht und noch besser machen. Von menschlichen Verzärtelungen halten Pferde nichts. Gewiß schmusen Araber zuweilen gerne, aber wer sie kennt, weiß, daß sie ihre Persönlichkeit durch einen hoheitsvollen Abstand zu anderen Zeiten erhalten wollen. Der stets hellwache Araber notiert jede Veränderung, aber im Stall möchte er Ruhe und Beständigkeit. Arabische Pferde lieben zum Beispiel ihre Boxe wie wir unsere Wohnung. Vor allem ältere Pferde nehmen unvermittelten Wechsel des Standortes, der Herdenzusammensetzung, der Pflege- und Futterzeiten übel, genauso wie extreme Personalveränderungen. Der Pferdemann sieht und hört beim Betreten des Stalles oder der Koppel, ob Pfleger und Pferde sich einig sind. Der Araber liebt den Menschen und sucht ihn wie kein anderes Pferd, er braucht Liebe, wie Blumen den Sonnenschein!

Wenn vorher betont wurde, knappe Fütterung sei bekömmlicher für den erwachsenen Araber, dann sei noch der Hinweis gestattet, daß das für hochträchtige oder säugende Stuten und für Fohlen bis zu 15 Monaten nicht zutrifft. Hier ist nicht Raum für Einzelheiten, aber auf häufige Mängel beim Halten von Edelpferden soll doch hingewiesen werden. Grundlage ist in diesen Fällen bestes, unberegnetes Heu und Kraftfutter, noch wichtiger ist aber genügende Bewegung. Fohlen und Stuten müssen täglich ins Freie, bei gutem und schlechtem Wetter. Ab dem achten Monat der Trächtigkeit hat die Stute einen hohen Bedarf an Nährstoffen. Bei zu knapper Versorgung mit Nährstoffen leidet entweder das Fohlen in seiner Entwicklung oder die Stute. Nach der Geburt des Fohlens gibt eine Stute monatelang Milch. Das denkbar beste Futter für Fohlen ist die Muttermilch, und die Stute setzt die gereichten Nährstoffe in dieses hochwertige Futter um. Hier an Kraftfutter zu sparen, macht jede Zucht problematisch.

Die Zunahme des Fohlens an Lebendgewicht bis zum Alter von etwa 15 Monaten ist enorm. Ein Araberfohlen hat mit zwölf Monaten etwa 45 bis 48 Prozent seines Endgewichtes erreicht. Dem muß mit einem Kraftfutter, das viel Eiweiß enthält, Rechnung getragen werden. Die Rationen an Kraftfutter sollen deshalb nach dem Absetzen des Fohlens von etwa 2 kg auf 4 kg beim 15 Monate alten Fohlen gesteigert werden. Wenn möglich, sollte man mit der Waage kontrollieren.

Überblick über die Araberzucht der Welt

Ägypten

In dem Gestüt El Zahraa bei Kairo trifft sich alles, was Rang und Namen in der Araberzucht der Welt hat. Im Orient war die Pferdezucht zu allen Zeiten Sache der Großen, der Aristokratie. Sie sammelten in ihren Gestüten die wertvollsten Araber aus der Wüste. Mit dem Niedergang des Feudalismus fielen die meisten Gestüte der Auflösung anheim. Ein kleiner Rest wurde 1930 in dem Gestüt Kafr Farouk (1955 in El Zahraa umbenannt) gesammelt und erhalten. Seither kreisen dort die Blutströme der Gestüte Manial von Mohammed Ali, des Gestüts Koubah des Khediven Abbas Pascha Hilmi und des Gestüts Shams der Engländerin Anne Blunt. 1948 wurde für das Gestüt Kafr Farouk von der ägyptischen Landwirtschaftsgesellschaft das erste Stutbuch herausgegeben. Heute beherbergt El Zahraa neben dem Polizeigestüt Inshass und den unter der Aufsicht der Ägyptischen Landwirtschaftsgesellschaft stehenden Privat-Gestüten des Ministers Sayed Marei, des Pascha Hamza und Mrs. Barbary das kostbarste Zuchtmaterial. Die Araberzüchter der Welt schätzen sich glücklich, wenn sie einen der herrlichen reinen Araber für ihre Zuchtzwecke erwerben können. Hier ist der Welt einzige noch sprudelnde Quelle reinen arabischen Blutes. Sie ist allerdings nur noch ein Abglanz der Blütezeit des vorigen Jahrhunderts unter Vizekönig Mohammed Ali 1805–1849, der nach einem mit Grausamkeit und Terror geführten Vernichtungsfeldzug die aufständischen Wahabiten besiegte und ihre wertvollsten Pferde als Beute in seine Stallungen nach Kairo entführte.

Noch größeren Ruhm als Pferdezüchter erlangte sein Enkel Abbas Pascha I., Vizekönig von Ägypten von 1848–1854. Seine Gestüte waren von blendendem Glanz. Nach seinem Tod waren sie der hohen Kosten wegen nicht zu halten. Viele der kostbaren Pferde wurden 1861 auf einer Auktion verschleudert. Ohne Schwierigkeiten konnten sich viele europäische Gestüte, darunter Weil, Königsfeld und Gestüte im Osten, aber auch in den USA beste Vollblutaraber sichern. Zu viele dieser Elitepferde gingen an den Handel, wurden zu Kreuzungen verwendet oder kamen in unverständige Hände. Einem gütigen Geschick ist es zu danken, daß der ägyptische Staat in einer politisch unruhigen Zeit die Fürsorge über das noch vorhandene Zuchtmaterial übernahm und es sammelte. Das war eine große Tat, denn Raswan gibt die Zahl der zwischen 1930 und 1940 maximal vorhandenen reinen arabischen Pferde mit 800 bis 1000 an.

Der berühmteste Hengst der letzten Jahrzehnte, dessen Blut in der ganzen Welt dominierenden Einfluß hat, ist Nazeer von Mansour aus der Elitestute Bint Samiha (s. Bild

Bild 28. Gestüt El Zahraa bei Kairo. Die ägyptische Landwirtschaftsorganisation (EAO) unterhält auf sterilem Wüstensand dieses Gestüt. Die Haltung der Stuten in der sengenden Hitze ist hart, das Futter muß aus dem Niltal täglich auf Kamelen geholt und die wenigen schattenspendenden Palmen müssen jeden Tag künstlich bewässert werden. Die Stutenherde ist ein Hort erlesenen Zuchtmaterials, das die Weltaraberzucht für die Erhaltung des reinen Blutes braucht.

29). Wir haben in Deutschland seine Söhne Hadban Enzahi (Marbach), Ghazal (Fürst zu Innhausen und Knyphausen, später C. H. Dömken) und Kaisoon (Geschenk Ägyptens an die Bundesrepublik Deutschland, Standort Zoo Duisburg). Nach der Liste der staatlich gekörten Hengste für 1980 wirken von Hadban Enzahi 22 Söhne und bereits 20 Enkel in der Bundesrepublik. Ghazal hat trotz seines zu frühen Todes immerhin 12 Hengste hinterlassen. Kaisoon hat 13 Hengste und etliche Enkel geliefert. Angeregt durch gute Zuchterfolge haben weitere Importe von etwa einem Dutzend Söhnen von Morafic, Galal, Alaa el Din u. a. den Nazeer-Blutstrom inzwischen verstärkt.
Auch andere Hengst-Linien, wie Rabdan, haben in den Hengsten Anter, Balance, Shaloul, El Moez sowie El Deree-Sid Abouhom bedeutenden Blutanteil in El Zahraa. Der Rapphengst Gharib in Marbach ist ein Sohn von Anter.

Bild 29. Nazeer, geb. 1934 in Ägypten, hier fotografiert im Alter von 25 Jahren. Er ist der bedeutendste Vererber der letzten Jahrzehnte. Sein Blut ist hochgeschätzt und in der ganzen Welt verbreitet. Es ist das Verdienst des früheren Kommandanten des ungarischen Gestüts Bábolna, General Tibor von Pettkö-Szandtner, den Hengst in Ägypten entdeckt und als Hauptbeschäler aufgestellt zu haben.

Andere Länder

Das Schwergewicht der Araberzucht in Europa lag im Osten, und zwar in den Ländern der österreichisch-ungarischen Doppelmonarchie, mit den Gestüten Bábolna (Ungarn), Radautz (Rumänien), Topocianky (Tschechoslowakei), Borike (Jugoslawien), und vor allem in Polen.

Polen hat heute eine der bedeutendsten Araberzuchten der Welt mit großer Tradition. Trotz wechselvollem Geschick haben bedeutende Fachleute mit hohem Können es verstanden, einen bewundernswerten Bestand an einheitlichen, typvollen Arabern in den Gestüten Janow Podlasky und Michalow zu züchten. Das Gestüt Janow Podlasky ist ein Nationalheiligtum, das kein Besucher so schnell vergessen wird. Wohl kaum ein Volk hat so enge Beziehungen zum Pferd wie das polnische.
Große Grundherren beschafften schon im 16. Jahrhundert orientalische Pferde. Zu Beginn des 19. Jahrhunderts rief die Passion der Grafen Rzewusky, Potocky, Branicky, Dzieduszky und der Fürsten Sanguszko bedeutende Arabergestüte ins Leben. Vom Grafen Rzewusky erhielt der König von Württemberg 1817 seine Gründerpferde für das Gestüt Weil. Die Wirren der Weltkriege in unserem Jahrhundert vernichteten alles, was mit vielen Opfern erkauft war.
Die heutige hochwertige polnische Araberzucht wurde aus Pferden der Gestüte Slawuta, Uzin, Jezupol und Antoniny in dem 1919 neu bezogenen Gestüt Janow Podlasky aufgebaut. Der Bestand wurde ergänzt durch Araber aus dem österreichisch-ungarischen Gestüt Radautz. Blutsmäßig waren sie mit Weil stark verbunden, weil man einst untereinander tauschte und verkaufte. Zwischen den Weltkriegen leitete der Hengst Ofir mit den Söhnen Wielki Szlem, Witra und Witez zusammen mit der Weiler Amurath-Sahib-Linie eine neue Blüte ein. Aber schon drohte dem jungen Bestand Gefahr durch den Zweiten Weltkrieg. Die Tragödie war komplett, als die Russen den größten Teil der insgesamt 405 Pferde kassierten. Noch im Kriege wurde mit deutscher Hilfe in einer umfassenden Suchaktion aus den versprengten Pferden ein neuer Bestand aufgebaut. 1946 waren nach Irrfahrten und unsäglichen Entbehrungen 52 Mutterstuten für den Neubeginn vorhanden. An dem Wiederaufbau und an der Einführung der Flachrennen zur Erhaltung der Konstitution haben der damalige Oberlandstallmeister Pruski und der Generalsekretär Skorkowski des polnischen Stutbuches große Verdienste, weil sie damit den Export nach Übersee erschlossen. Die wichtigsten Hengste sind Comet, Czort, Negativ. Der polnische Araber hat einen guten Ruf in der Welt. Die gesamte arabische Zucht ist, da es keine private gibt, in staatlicher Hand. Die straffe Organisation und Lenkung des Regimes kommt den züchterischen Bemühungen zustatten. Polen hat einen sehr beachtlichen Export nach den USA. Auch die Rennen werden durch den Staat begünstigt.
Ungarn hatte in Bábolna und Radautz eine exzellente arabische Vollblutzucht. Leider hat sowohl die Vollblutzucht als auch ihr unmittelbarer Abkömmling, die Shagya-Araberzucht, den Zweiten Weltkrieg nicht überstanden. Die Vollblutzucht wird im berühmten Bábolna mit reinägyptischen Importpferden erfolgreich wieder aufgebaut. Sie wird als Quelle reinen Blutes künftig an Bedeutung wachsen.

Das Gestüt Radautz in der Bukowina, heute *Rumänien,* war vor dem Ersten Weltkrieg ein Hort arabischen Blutes, dort wirkte der große Amurath-Weil, der eine gewaltige Nachkommenschaft in den Ländern des Ostens hatte. Der politische Umbruch nach 1945 traf diese Zuchtstätten vernichtend.
In Borike in *Jugoslawien* wirkt heute wieder Marbacher Blut erfolgreich in dem Nabuch-Sohn Saabih, geboren 1958.
Im Westen Europas blieb die Araberzucht dank der stabileren politischen Verhältnisse von tödlichen Schicksalsschlägen verschont.
England nahm und nimmt bei den Pferden aus dem Orient Weltgeltung ein. Das Ehepaar Wilfried und Anne Blunt waren wahrscheinlich die ersten Europäer, die auf der Suche nach arabischen Pferden die Halbinsel unter großen Strapazen durchstreiften und einen Überblick über die arabische Pferdezucht gewannen. Ihre Kenntnisse und ihre Beziehungen ermöglichten es ihnen, nicht nur ein Gestüt in Ägypten zu errichten, sondern bestes Pferdematerial nach England zu exportieren. Sie gründeten 1850 das Gestüt Crabbet Park, das weltumspannenden Einfluß gewinnen sollte. Von Crabbet Park aus entwickelten sich bald im Mutterland private Zuchten. Die begeisterten Züchter schlossen sich 1919 in der »Arab Horse Society« zusammen. Heute ist diese Organisation mit etwa 1400 Mitgliedern die größte Europas, die Beziehungen zu allen Araberfreunden der Welt unterhält.
Bald nach der Gründung von Crabbet Park entwickelten sich unter dem Schutze des englischen Königreiches Handelsbeziehungen mit Arabern. Die Engländer leisteten Pionierarbeit, so zum Beispiel in Indien. Durch die weltweiten Handelsbeziehungen gewannen die englichen Araber Einfluß in den USA, in Rußland, Holland und in neuerer Zeit auch in Schweden.
Auf der Basis originaler Stuten und des aus Polen stammenden Hengstes Skowronek entstand ein bedeutender Zweig Araber, der sich in breitem Strom nach den USA ergoß. Englische Araber glänzen vor allem durch die Schönheit der Köpfe und Hälse, sie weichen aber in Widerrist-, Rücken- und Kruppenbildung deutlich vom Wüstentyp ab.

Bild 30. Hengst Ibn Moniet el Nefous. Die Bentwood Farm bei Waco/Texas ist eine der großen und bekannten Zuchtstätten in den USA. Wertvolle Stämme aus El Zahraa begründen das hohe züchterische Niveau. – Ob der Schimmelhengst in seinem kraftvollen, majestätischen Galopp, seiner blendenden Schönheit weiß, daß er ein Sohn (= Ibn) einer edlen, aber armen Stute, Moniet el Nefous, in El Zahraa ist, von der die Araberfreunde der ganzen Welt sprechen? Vor Ibn Moniet el Nefous und mehr noch vor seiner Mutter, diesem Schöpfungswunder, ziehen auch große Häupter den Hut.

Diese nationalen Typverschiedenheiten fallen besonders auf der jährlich im Juli stattfindenen Araberschau in Kempton Park in London auf.
Die Vollblut-Araberzucht in *Holland* ist verhältnismäßig jung. Seit 1935 besteht der »Niederländische Arabieren Club«. Durch Einfuhren aus England, Deutschland, Polen und Ägypten hat die holländische Araberzucht einen Kern ausgezeichneter Pferde, die gerade im letzten Jahrzehnt an Typ und Einheitlichkeit stark gewonnen haben. Im übrigen spielt der Araber in der auf hohem Niveau stehenden Kleinpferdezucht eine bedeutende Rolle.
Noch jung, aber sehr erfolgreich ist die Araberzucht in *Schweden*. Dank großer Begeisterung hat sie bereits eine führende Stellung erworben. Initiator der Pferdezucht in Schweden ist der unvergeßliche Dr. Arvid Aaby Ericson. Seine Begeisterung für den Araber ergriff wie ein Feuer Freunde und Gönner. Mit Sachkenntnis ausgewählte Pferde aus Polen, Deutschland, England und Rußland bilden heute die zu großen Hoffnungen berechtigende Grundlage. Es bestehen auch Verbindungen zur dänischen Araberzucht, die im Aufbau ist.
Eine hervorragende Stellung konnte sich auch die Zucht in *Spanien* sichern. Die Militärgestüte Jerez de la Frontera und Moratalla bei Sevilla haben eine ruhmreiche Tradition. Klima, Boden und die angestammte Pferdeliebe der Spanier haben eine treffliche private Araberzucht geschaffen, die sich würdig hinsichtlich Typ und Gehlust neben die besten Zuchten der Welt stellen kann. Der Glanz der Pferde auf dem ausgedörrten Boden Südspaniens, die herrlichen Pferdeherden unter den Eukalyptusbäumen sind ein unvergeßliches Erlebnis. Die steigenden Exportquoten an Arabern nach den USA sind ein Zeugnis des züchterischen Hochstandes der spanischen Araberzucht.
In dem Zusammenschluß der bisher bestehenden Verbände zu der »Association Française des Eleveurs de Chevaux arabes« beginnt in *Frankreich* ein neuer Abschnitt der Araberzucht. Sie war nie Selbstzweck. Der geniale Leiter des Gestüts Pompadour, Gayot, rückte den Araber mit der Schöpfung des Anglo-Arabers ins Rampenlicht der Sportpferdezucht. Die Franzosen bevorzugen einen dem Mu'niqi nahestehenden großen und langen Rahmen.
Eine Araberzucht wachsender Bedeutung hat die *Sowjetunion* in dem kaukasischen Gestüt Tersk. Sie ist im letzten Jahrzehnt sowohl nach Umfang des Gestütsbestandes als auch nach Qualität eminent gefördert worden. Durch Verbreiterung der Zuchtbasis mit Zuchtmaterial aus Ägypten mit dem Nazeer-Sohn Aswan, einem Halbbruder von Hadban Enzahi, wurde der ursprünglich auf englischer und polnischer Grundlage aufgebaute Bestand bereichert. Der Export ist im Ansteigen.
Der Umfang der Araberzucht in den *Vereinigten Staaten von Amerika* übertrifft die übrige Welt. Nach den letzten Angaben beträgt der Bestand 140000 Araber bei 50000

Mitgliedern, die über die Staaten verstreut sind. Schwerpunkte bestehen im Staate Kalifornien, wo allein 130 000 Araber gezählt wurden (Schiele). In USA wie in den angelsächsischen Ländern gibt es keine behördlichen Vorschriften über Körungen und Leistungsprüfungen. Richtlinien geben allein die zahlreichen Schauwettbewerbe der lokalen und kontinentalen Zuchtorganisationen. Nur der Schauerfolg bestimmt Zuchtziel und Erfolg. Die kleinen Zuchten können nur schwer mithalten, weil sie nicht über die Mittel verfügen, von Schau zu Schau zu ziehen, um im Strom des züchterischen Geschehens mit Erfolgen und Championaten mit an der Spitze zu bleiben. Es gibt hervorragende Zuchten, daneben aber solche, die in der Qualität und im Typ viele Wünsche offenlassen.

Runden wir den kurzen Überblick ab. Eine recht aktive Araberzucht hat die *Südafrikanische Union.* Die klimatischen Bedingungen begünstigen einen trockenen, edlen Typ. Die Zucht steht sichtlich im Aufwind.

Die Zucht in *Australien* hat seit dem Zweiten Weltkrieg große Fortschritte gemacht durch Einfuhren aus Großbritannien. Auch Marbacher Blut (Mustafa von Hadban Enzahi aus der Masarrah) hat sich bewährt.

Ausblick

In den letzten Jahrzehnten hat die Araberzucht der Welt zahlenmäßig einen großen Aufschwung genommen. Es gibt in der Gegenwart mehr arabische Pferde als die arabische Halbinsel jemals besessen hat. Die Qualität im Sinne des reinen Araberadels hat mit dieser Entwicklung nicht Schritt halten können. Eine Konsolidierungs- und Reinigungsphase wäre gut, aber sie bleibt wohl auf dem Papier. Immerhin hat der Wunsch nach einheitlichen Maßstäben für die Anerkennung der Abstammungen, für den internationalen Austausch zu einem Zusammenschluß der nationalen Zuchtverbände auf Weltebene geführt. Die »World Arabian Horse Organization« (WAHO) wurde 1972 in London gegründet, und bis 1979 wurden von ihr 27 nationale Zuchtbücher aner-

Zu den Bildern 31 bis 33 (S. 90, 91 und 93): Der Araber ist durch seinen guten Charakter und seine Zuneigung zu den Menschen ein beliebtes Freizeitpferd für Erholung und Entspannung der Familie. Willig und freudig gibt er sich den verlangten Leistungen hin. Bei geeigneter Ausbildung vollbringt der Araber auch gute Dressurleistungen. Araber im Ein- und Mehrspänner lassen die Herzen höher schlagen. Wer vom Araber als Spielzeug spricht oder ihn eine Vorgartenschönheit nennt, kennt dieses herrliche Geschöpf nicht.

kannt. Im Wechsel von zwei Jahren findet in einem Mitgliedsland der Weltaraberkongreß statt, so in London, Sevilla, Malmö, San Francisco und im Oktober 1978 in Hamburg. Auf dem letzten Kongreß wurde endlich der Verband der deutschen Züchter des arabischen Pferdes als Vollmitglied anerkannt. Die Araberzucht des staatlichen Haupt- und Landgestütes in Marbach mit eigenem Stutbuch hatte von jeher diesen Status.
In der WAHO sind folgende Mitglieder vertreten: Ägypten, Argentinien, Australien, Belgien, Belize (fr. British Honduras), Brasilien, Bundesrepublik Deutschland, Costa Rica, Dänemark, Frankreich, Großbritannien, Iran, Israel, Kanada, Neuseeland, Niederlande, Norwegen, Österreich, Polen, Portugal, Rußland, Schweden, Schweiz, Spanien, Südafrika, Tunesien, Ungarn und die Vereinigten Staaten von Amerika.
Man schätzt den Weltaraberbestand auf etwa 176 000 Pferde. Der Bestand ist nicht nur in Deutschland, sondern in der Welt im Steigen. Das Drängen auf Erwerb der Vollmitgliedschaft bei der WAHO deutet bei vielen Ländern in gleicher Richtung. Das wirft die Frage nach der Zukunft auf, weil die sich abzeichnende Überproduktion auf eine ungenügende Nachfrage stößt. Nüchtern gesehen kann nur noch Spitzenmaterial innerhalb und außerhalb der deutschen Grenzen lohnend verkauft werden.

Wenn auch die Zucht arabischer Pferde von der Passion getragen wird, so muß die Wirtschaftlichkeit doch im Auge behalten werden, um so mehr als es sich hierzulande meistens um kleine Zuchten handelt, die zwar auf Arbeitslohn verzichten, aber keine großen Mittel zur Kostendeckung einsetzen können.

Ein erheblicher Teil der in der Bundesrepublik produzierten Nachwuchspferde der Durchschnittsqualität werden Gebrauchs- und Familienpferde und erfüllen dort alle Erwartungen vollkommen. So belasten sie den Markt nicht mehr. Der bildhafte Araber ist Ausgleich in dem materiell geprägten, lieblos gewordenen Alltag. Schwierig wird die Situation erst, und das ist schon die Regel, wenn der Wunsch entsteht, mit dem Hausgenossen zu züchten. Es entsteht ein zusätzliches Angebot in unterschiedlichster Qualität, weil die Zuchtwahl unter der Liebhaberei leidet, wo doch die Zucht allemal Vorrang haben sollte. Die wahllose Vermehrung führt zu einer Verflachung der Zuchtidee, zu weiterer Vermischung, zu Degeneration und Minderung der Rasse. Leider ist dieser Vorgang, oft bedenkenlos geübt, nicht vereinzelt, sondern verbreitet. Darunter leidet auf die Dauer die ganze Zucht, und selbst der verantwortungsvolle Züchter gerät in wirtschaftliche Bedrängnis und wird in seiner Arbeit gelähmt, weil er keinen Absatz für seinen Nachwuchs hat. Für die Araberzucht ist es eine der wichtigsten Fragen, neue Käuferschichten für Gebrauchspferde zu erschließen. Das ist eine Lebensfrage und Voraussetzung für die Erhaltung einer Elitezucht, die in der Zukunft innerhalb und außerhalb unserer Grenzen Chancen haben soll. Wie soll das geschehen?

In der Bundesrepublik zählt man heute nahezu 372 000 Pferde. In sich hat sich der Bestand stark geändert, die Ponyrassen und Kleinpferde haben beachtlichen Anteil errungen. Leider fehlen neue Zahlen. Nach einer Aufstellung der Deutschen Reiterlichen Vereinigung von 1978 beträgt der Anteil der Kleinpferde 26,3 Prozent aller eingetragenen Zuchtstuten einschließlich der Ponys, der der Araber 1,38 Prozent. Diese Ponys sind häufig ausländischen Ursprungs (Welsh, Connemara, Dartmoor, Shetland, New Forest u.a.). Man beobachtet im Sport eine erhebliche Hinwendung zu den Großreitpferden, weil die wachsende Jugend der Größe aber auch der Reiteignung wegen von den Ponys auf größere Pferde umsteigen muß. Der Araber, anspruchslos, billig in der Haltung und mittelgroß, ist ein ursprüngliches Reitpferd und hat m.E. diesen Kleinpferden in der Reiteignung, in den Bewegungen und in der Größe so viel voraus, daß er gute Chancen hat, in die Bedarfslücke hineinzustoßen und sich einen Platz am Futtertrog zu erkämpfen.

Der Araberzüchter kann und braucht sein Zuchtkonzept nicht zu ändern. Das Ziel bleibt der schöne, harmonische Wüstenaraber, aber die Zucht müßte vertieft und durch neue Impulse straffer gelenkt werden. Der Verbraucher, das zeigt sich allenthalben, will mit einem edlen, schönen und vor allem zuverlässigen, charakterfesten Pferd zu er-

schwinglichen Preisen bedient werden. Familienpferde können nicht die allzuleichten, spritzigen, nervösen »Blutkatzen« sein, sondern die soliden, in sich ruhenden, eleganten Araber. Der alte, kräftige »Weiler Arabertyp« könnte da Leitbild sein! Alle züchterischen Bemühungen wären auf dieses Ziel auszurichten. Nicht jeder Araber darf als Spitzenpferd hingestellt werden, mit dem unbedingt gezüchtet werden muß. Abzulehnen sind die groben Mischtypen, unedle »Auch-Araber« mit derben Köpfen und unharmonischen Formen.

Die deutsche Araberzucht könnte sich mit neuen Impulsen verbesserter Zuchtwahl nach reiner Blutführung, nach Leistung, nach gelassenem Temperament die Voraussetzung für einen Platz an der Sonne schaffen, der ihr nach der Blutbasis und ihrer Struktur zusteht. Einigkeit in verschärften Körbestimmungen für die Hengste, kritische Maßstäbe für die Zuchtstuten und ein Mehr in der Ausbildung für den Gebrauch der Araber könnten eine mächtige Hilfe werden.

In allen Ländern der Welt vollzieht sich, zwar noch angefochten durch eine Meinungsvielfalt, ein Aufbruch zum reinen ursprünglichen Araber hin. Ihm gehört die Zukunft! Die deutschen Araberzüchter und -freunde sollten diese Zeichen nicht übersehen, sondern im eigenen Interesse eine Vorhut für den alten und doch stets jungen, edlen, reinen Araber werden.

Anhang

Fachliteratur

AMMON, K. W.: Nachrichten von der Pferdezucht der Araber und den arabischen Pferden, 1834, Nachdruck Olms Presse, Hildesheim 1972

Asil-Araber. Arabiens edle Pferde, Olms Presse, Hildesheim 1977

BAUER, Dr. H.R.: Die Tierzucht in Ägypten. Veterinärmed. Fakultät der Universität Berlin 1942

BILKE, E.: Pferdepassion. Olms Presse, Hildesheim 1976

BROWN, W.R.: The Horse of the Desert, New York 1929, Nachdruck Olms Presse, Hildesheim

FLADE, J.E.: Das Araberpferd. Wittenberg 1966

FORBIS, J.: The Classic Arabian Horse, Liveright/New York 1976

HELING, M.J. v. HENNIGES: Das vollendete Pferd. DLG Verlag, Frankfurt 1974

JÄGER, A.: Das orientalische Pferd und das Privatgestüt des Königs von Württemberg, 1846, Nachdruck Olms Presse, Hildesheim 1973

KLYNSTRA, F.B.: Wüstenadel. Olms Presse, Hildesheim 1978

LÖFFLER, E.: Die österreichische Pferde-Ankaufskommission unter dem k.k. Obersten Ritter Rudolf von Brudermann, 1860, Nachdruck Olms Presse, Hildesheim 1978

RASWAN, C.R.: Der Araber und sein Pferd. Stuttgart 1930

RASWAN, C.R.: The Raswan Index. Oakland 1957–62

SÄNGER, O.: Vollblutaraber in Deutschland. Ahnert-Verlag, Friedberg 1978

SCHIELE, E.: Araber in Europa. BLV Verlag, München 1973

SCHIELE, E.: Arabiens Pferde, Allahs liebste Kinder. BLV Verlag, München 1972

SEYDEL, H.: Das arabische Vollblut. Diss. Breslau 1933

UPPENBORN, W.: Pferdezucht und Pferdehaltung. Verlag Bintz-Dohany, Offenbach/Main 1977

WENZLER, G.: Stutbuch Weil/Marbach, Verlag Meisenbach, Bamberg 1972

WENZLER, G.: 150 Jahre Weil-Marbacher Araberzucht, Jubiläumsschrift 1967

Zeitschriften

Arabische Pferde. Internationales Magazin für die Züchter und Freunde des arabischen Pferdes. Hippos Verlag J.Schilling, München

Arabian Horse World. Palo Alto, California 94 303, USA

The Arab Horse Society News. Nayler The Printer Ltd., Aero Mill, Accrington, Lancashire, England

Anschriften

Verband der Züchter des Arabischen Pferdes e.V., Daimlerstr. 65/67, 2000 Hamburg 50

Deutsche Renngesellschaft für Arabische Vollblüter, Friedrich-Ebert-Damm 89c, 2000 Hamburg 70

World Arabian Horse Organization (WAHO = Weltaraberorganisation), Präsident Jay W. Stream, Rte 3, Box 212, San Luis Obispo, California 93401, USA

WAHO-Vertreter für Deutschland, Holland, Belgien und die Schweiz, Mitglied des Exekutivausschusses: Hermann van der Vorm, Secr., Parklaan 22, Rotterdam, Niederlande

Asil-Club, Am Hagentorwall 7, 3200 Hildesheim

Register der Pferdenamen